君の働き方に未来はあるか？

労働法の限界と、これからの雇用社会

大内伸哉

光文社新書

プロローグ

就職活動で面接の段階まで行くと、必ず聞かれることがあります。「あなたは、うちの会社で何をやってみたいですか」。そのときあなたは、どう答えるでしょうか。その会社が本命のところであれば、これからの仕事の夢を熱い思いをこめて語ることでしょう。

ところが、そのとき語った夢を実現できるのは、よほどの幸運に恵まれた人です。多くの場合、就職して年月が経《た》つにつれ、現実の厳しさを思い知らされます。

・自分のプライベートな時間など考えられない、会社中心の毎日
・仕事を覚えるため、という理由でやらされるつまらない仕事の連続

・サービス残業ばかりで時給に換算すれば学生アルバイト時代より低い給料
・怒鳴ってばかりの上司、気を遣わなければならない先輩、やっぱり負けたくない同期や後輩などに囲まれたストレスだらけの職場環境

働くというのは、こんなことだったのだろうか。自分はこういうことをしたいために、あんなにきつい就職活動をしたのだろうか。採用面接のときに語った夢は、何だったのだろうか。そんな気持ちで過去を振り返る人も少なくないでしょう。

思い返してください。内定をもらって正社員の切符を手に入れたとき、これでやっと一人前の社会人になれたという安堵《あんど》感に包まれたことでしょう。このとき、親からの自立を実感し、結婚、子供、マイホーム、老後の安心といった、堅実な将来ビジョンが目に浮かんだことでしょう。でも、これらはみな、厳しい現実に耐えるという苦しい試練を乗り越えなければ、手に入らないものだったのです。

しかも今日、こうした試練を経験しても、安定した将来は手に入らない時代になっています。今日、終身雇用を本気で期待している人は、よほどのおめでたい人です。「40歳定年」という言葉さえ飛び交う時代です。年齢や勤続年数に応じて上がっていく年功的給料も、過

去の遺物になりつつあります。給料は、年齢や勤続年数を重ねるだけでは増えず、実力で引き上げていかなければなりません。成果を出せなければ給料は下がる——。いまの大学生世代は、そういう雇用社会の厳しい現実をうすうす感じとっています。

とはいえ、彼ら、彼女らにとって、正社員への就職をめざすという選択肢以外にないこともまた事実です。それは、親たちが期待するから、という理由もあります。しかし、それだけではありません。自分たちにとっても、正社員になることは人生の「勝ち組」になるために、どうしても必要な関門なのです。就職して正社員にならねばならぬという考え方に今もなお若者が強くとらわれているのは、このためです。ただ、ここから、さまざまな不幸が始まります。

今でも忘れられない言葉があります。数年前、厳しい就職活動を乗り切って大企業から内定をもらった私のゼミの男子学生が、卒業していくとき「これから、社畜になります」と言ったのです。その1年後に会ったときには、彼は「もう辞めたい」と言っていました。「辞めたい」は本音ではなかったのでしょうが、彼があまりハッピーな状況でないことは伝わってきました。気のせいか、顔つきには生気が薄れているようにも見えました。

彼が使った「社畜」という言葉は、普通の辞書には載っていません。この言葉は、自虐的に、かつ比喩的に、企業の奴隷になることを意味するときに使われます（数年前には、藤本篤志『社畜のススメ』〈新潮社〉という本もありました）。いささか誇張された表現のようにも思いますが、「ブラック企業」という言葉がよく聞かれる時代ですから、あながち誇張とは言えないでしょう。

どうして未来への希望にあふれているはずの若者が、こんな悲壮な覚悟で社会に出ていかなければならないのでしょうか。本書では、その理由を「雇われて働く」とはどういうことなのか、というところから説き起こしていきます。

本書では、「雇われて働く」ことは実は「奴隷」と変わらない面があること、こうした状況を改善するために労働法があること、さらに正社員という身分を獲得できると、企業からの優遇があり、この状況はもっと改善されること、しかしこれからの時代は、労働法もどうなるかわからず、正社員の枠も減っていくことを、順を追って説明していきます。

そうしたなか、最終的にめざすべきことは、「やりたくない仕事はしなくてよい」と言えるような自分になることです。たとえば、不本意な仕事であると思うならば、会社を辞めて転職できるようにするのです。あるいは、そもそも人に命じられず、自分の力で働く自営業者になるという道もあります。

そのときに大事なことは、「仕事のプロになる」ことです。「それができれば苦労しないよ」、という声も聞こえてきそうですし、私もそれが簡単ではないことは百も承知です。でも、諦めるのは早すぎます。ここでいう「プロ」とは、決して、野球のイチロー選手やサッカーの香川真司選手のような特別な才能をもった人だけがなるようなものではありません。誰でも、きちんとした目標を立てて、賢明な努力を積み重ねれば、「仕事のプロ」になることができるのです。

私は労働法の研究者ですから、皆さんにプロになるための実践的なテクニックを教える力はありません。本書で私が解き明かそうとしたのは、なぜプロをめざす必要があるのか、プロになるためのポイントは何か、ということです。少なくとも、このことがわかっていなければ、これから自分が何をやってよいかも見えてこないでしょう。

本書が、これからの働き方に迷っている人にとって少しでも救いになれば、著者としてこのうえない喜びです。

君の働き方に未来はあるか？

——目次

第7章　ＩＴ社会における労働

第1章

雇用の本質

正社員のメリットとデメリット

今日、大学生にとっての最も大きな目標は、正社員になることです。就職が決まれば、親や親戚は、ほっと胸をなでおろします。逆に、正社員になれず、あるいはなろうとせず、「フリーターや派遣で働く」と自分の子どもが言い出すと、親はうろたえます（林真理子『下流の宴』〈文藝春秋〉で描かれているとおりです）。

世間も、正社員ではない形で働く人が増えることを問題視します。非正社員という働き方があることそのものを批判したりもします。そして、政府に対して、できるだけ正社員を増やすような政策を採るように求めるのです。

正社員には、そのネーミングからもわかるように、「正しい働き方」というニュアンスが含まれています。「正社員＝正しい働き方」というのが、現代社会における確固たる価値観になっているとも言えます。「格差社会」が問題だとよく言われますが、これも突き詰めれば、正社員と、正社員になれない人たちとの間の格差の問題だと言うことができます。

では、正社員にはどんな「特典」があるのでしょうか。

正社員になると、まず、「終身雇用」と呼ばれる長期雇用が保障されます。給料も比較的高く安定しています。また、住宅ローンへの補助など、手厚い福利厚生もあります。さらにボーナスもあり、退職時には退職金も出ます。勤続年数が長くなると、その額は何千万円といった額になることもあります。こうしたことから、正社員はそうでない人たちから羨望《せんぼう》と嫉妬をもって見られることになります。

このように、正社員のもつ特徴を挙げてみると、正社員はきわめて恵まれているようにも思えます。しかし、正社員に「負」の側面はないのでしょうか。正社員という地位は、ほんとうに羨望や嫉妬を受けるに値するものなのでしょうか。

正社員には正社員なりの苦労はありますが、その苦労とは簡単に言うと、「いつでも」「どこでも」「何でも」やらなければならないということです。それぞれについて、もう少し詳しく述べましょう。

一つ目の「いつでも」とは、正社員になると長時間労働を避けることができず、残業は当たり前になるということです。企業にとっては、「いつでも」働いてくれる労働者はありがたい存在です。しかし、働いている方にとって「いつでも」とは、長時間労働を意味します。長時間労働が長期にわたって続くと、疲労やストレスから過労死や過労自殺のような悲惨な事態を招きやすくなることも知られています。

二つ目の「どこでも」とは、転勤があるということです。転勤のないコースが用意されている企業もありますが、そうしたコースを選ぶと、出世に響きます。女性社員のなかには、転勤が頻繁にある総合職ではなく、転勤がなく勤務地が限定されている一般職をあえて選ぶ人も多くいますが、それは、転勤による出世とワーク・ライフ・バランスを天秤《てんびん》にかけて、後者を選択したからと言えます。つまり、転勤とは、ワーク・ライフ・バランスを大いに犠牲にするものなのです。

「どこでも」働いてくれる正社員も、企業にとってありがたい存在です。しかし、本人もそうですが、その家族にとっても迷惑が生じることが多々あります。例えば、転勤のせいで家族がバラバラに住まなければならなくなったとしましょう。現代はスカイプなどの通信技術が発達し、以前の時代と比べれば連絡を密に取りやすくなっていますが、寝食を共にしない夫婦やカップルは破局のリスクが高くなります。

最後の、「何でも」とは、やるべき職務が限定されていないということです。専門職などで採用されていないかぎり、企業の指示があれば、労働者はどのような職務にも従事しなければなりません。確かにこれにより、いろいろな経験を積むことができるので、労働者にとってありがたい面もあります。しかし、いつまで経っても自分の専門性が高まらないというデメリットもあります。そして、このデメリットにより、いざというときに困ったことになる恐れがあるのです。

たとえば、不幸にもリストラで退職を余儀なくされたとしましょう。すると、再就職先を探さなければなりません。そのときになって、「何でも」やらされてきた労働者は、自分の仕事の能力をどういう形でアピールするのでしょうか。再就職となると、採用現場では、まず「あなたは何ができますか」と問われます。そのときに、答えられる内容がないことに気づき、愕然《がくぜん》とするでしょう。

もちろん、自分の仕事の能力を堂々と答えられる人もいるでしょう。しかし、多くの正社員は、その企業で雇われ続けてこそ、評価される存在なのです。社外に出てしまうと、「ただの人」か、それ以下になってしまうことがしばしば起こります。だからこそ、「いつでも」「どこでも」「何でも」という負担の重い働き方であっても、歯を食いしばって堪えざるをえない状況が生まれるのです。

このようにみると、正社員こそ正しい働き方という価値観は、かなり揺らいでくるのではないでしょうか。

法律からみた「雇傭」

さて、プロローグで、「雇用」と「奴隷」の関係にふれました。これは極端な譬《たと》えのように思われるかもしれませんが、実はそうとも言えません。ここで、法律の議論との関係を見てみましょう。

私たちが誰かに雇われるとき、法律上は、「雇用契約」というものを交《か》わしています。もちろん、実際にはそんな契約を交わしたつもりはないという人がほとんどでしょう。その意味で、これは法律上の一種のフィクションのようなところもあります。ただ、労働者のほうは、その企業で働くことには同意していて、企業のほうも、その労働者を採用することに同意しています。そのため、そこには「合意」、すなわち契約が成立していると言ってもおかしくはないのです。

「雇用」は、明治時代に制定された民法が２００５年に現代語表記にされるまで、「雇傭」という難しい字が使われていました。「雇」も「傭」のどちらも「やとう」という意味の漢字で、お金を払って人（ヒト）を使うことを意味します。本書では、そのニュアンスがはっきり出るように、あえて「雇傭」という漢字を使うことにします（なお、「働く場」という意味のときは、「雇用」という漢字を使います。たとえば、「終身雇用」「雇用保障」「雇用の安定」）。

さて、この「ヒトを使う」ということから、さまざまな問題が生じてきます。私たちは生活をしていくうえで、いろいろなモノを使っています。モノをどう使うかは、使うほうの意向に左右されます。では、ヒトを使うときはどうでしょうか。生きたヒトを使うのは、モノのようにはいかないはずです。なぜなら、使う側に意志があるように、使われる側もヒトである以上、そこには意志があるからです。

ところで、使われるヒトがモノとなるケースがあります。それが奴隷です。たとえば古代ローマ時代に、奴隷がいたことは有名な話です。ローマ帝国では、奴隷は重要な生産活動を担っていました。ちなみに、教養があり知性の高い奴隷は家庭教師をしたりもしていました。

古代ローマがたびたび国外で戦争をしたのは、領土の維持・拡大という目的もありますが、奴隷を入手するという目的もありました。奴隷は生物学的にはヒトですが、家畜と同様、取引の対象であり、まさに「モノ」でした。

先ほども述べたように、私たちが働くときには契約を結びます。契約社員という言葉がありますが、契約社員だけでなく、正社員もパートもアルバイトも、雇われるときは契約を結んでいます。それが雇傭契約です。これは実は、古代ローマ時代の、何かを貸して、それに対してお金をもらう「賃約」という契約に由来します。こうした賃約に由来するもう一つの契約が賃貸借契約です。これは、私たちがマンションを借りるときなどに結ぶ契約です。

奴隷の労働力を貸すときはモノの取引であり、これを今日の分類で言えば、マンションというモノを貸すときと同じ賃貸借契約となります。一方、現代の私たちが労働力を貸すときは、あくまでヒトの労働力の取引なので、賃貸借契約ではなく、雇傭契約になります。確かに、モノと扱われるか、ヒトと認められるかの違いは大きいものです。しかし、その本質をみていくと、生物学的にみた「人間」の労働力を、他人に利用させるために有償で貸すという点では、奴隷の労働も雇傭契約での労働も同じと言えます。どちらも、古代ローマ時代にまで遡《さかのぼ》れば、同じ「賃約」という契約に行き着くことにも、このことは現れています。

さて、私たちはモノを借りると、そのモノを自由に利用することができます。マンションを借りたとき、私たちは自分の自由な空間を確保できたと感じるでしょう。借りた部屋は、どのように利用しようが、貸し手や周りの人に迷惑をかけないかぎり自由です。

それと同じようなことは、ヒトの労働力の場合にもあてはまるでしょうか。ここでは、借りるのは雇い主で、その多くは企業です。モノの貸し借りと同じように考えると、企業は、ヒトの労働力を自由に利用できることになります。あとは、雇い主の使い方次第です。使い方によっては、使われるヒトは、ほんとうにモノと同じレベルに転落することが起こりうるのです。逆に、優しく使ってくれれば、モノのようにならないかもしれません。

今日の労働者が、「奴隷状態」で働いているというのは、比喩ではあります。ヒトは、あくまでヒトであり、その人格は尊重されるべきものです。しかし、実態をみると、古代ローマ時代の奴隷と変わらない状況も出現しています。「ブラック企業」はその代表例でしょう。こうしたことが起こる根源的な理由は、雇い主が、借りた労働力を自由に使えるという点にあります。

雇傭と請負の違い

法律の世界では、雇傭と請負の違いがよく論じられます。雇傭と請負は、ともに他人からお金をもらって働くという共通性がある一方、何に対してお金、つまり報酬が支払われるかという点に両者の最も大きな違いがあります。

雇傭は、他人の指示に従って働くことに対して報酬が支払われる契約です。5時間働いてくださいと言われて、その通りに5時間働けば、それだけで報酬が支払われます。ここでいう「他人の指示」は、法律用語では、指揮命令や指揮監督と言います。雇傭では、企業は、雇い入れた労働者に対して指揮命令をして働かせるのです。これが、先に述べた、借りた労働力は自由に使えるということの法律的な表現です。

自らの労働力を企業にゆだね、その指揮命令に従って働くこと、そして、その働いた時間に対して報酬が支払われることが、雇傭の本質です。正社員の「いつでも」「どこでも」「何でも」は、この指揮命令の具体的な内容であり、法律的には、特に人事権という言葉が使われることもあります。広範な人事権に服することが、雇傭で働く労働者のなかの、特に正社員の特徴なのです。

一方、請負は、働いた仕事の結果に対して報酬が支払われる契約です。5時間働いたから、5時間分の報酬を欲しいと言うことはできません。何時間働こうが、仕事の結果が出なければ、一文にもならないのが請負です。しかしこれは、働き手は相手（注文主）の指揮命令を受けないということの裏返しでもあります。指揮命令に従うだけでは報酬にならないわけですから、それに従う必要もありません。

もちろん、請負であっても、相手（注文主）が、やってほしい仕事について何らかの指示をすることはあります。しかし、この「指示」は、雇傭の場合とは異なり、指揮命令と呼べるようなものではありません。というのは、働き手（請負人）は、自分の労働力を相手（注文主）が自由に使えるようにしているわけではないからです。

具体的な例で説明してみましょう。請負の代表的な例は、大工の仕事です。大工にも「雇われ大工」（雇傭で働く大工）はいますが、ここでは雇われ大工のことではなく、独立して事業を営んでいる大工のことを考えてみましょう。

かりに今、私たちが家の風呂のリフォームのため、ある個人工務店に仕事を依頼したとします。リフォームのための費用は、事前に見積もりを出してもらい、契約書を交わして決めます。そして、いつまでに工事を終えるかという納期を設定します。

このとき、私たちはどのようにリフォームするかについて事前に指示をしますし、大工は、その指示に従う必要があります。ただ、これが指揮命令と呼べるようなものではないのは先に述べたとおりです。大工には、納期までに具体的にどのようにリフォームを行い、そして完成させるのかについて、すべて任せられます。大工の仕事の進め方については、注文主である私たちの介入する余地はありません。ここが、指揮命令に服す雇傭との違いです。

もしかすると大工は自分自身では働かず、弟子や知合いの大工を呼んで仕事をさせるかもしれませんが、それも許されます。なぜなら大事なのは、仕事の結果だからです。逆に言うと、他人に任せて失敗しても、そのためにやり直しをして時間がかかったとしても、それは注文した側には関係のないことです。追加費用を負担する必要もありません。責任は、大工のほうが負うのです。

このように、請負という契約では、請負人のほうは、誰からも指揮命令を受けずに「独立」して働くことになります。そこには「自由」があると言えます。ただその代わり、結果が求められます。結果が出なければ、報酬はもらえません。自己責任です。

一方、雇傭には、自己責任の要素がありません。雇傭では、指揮命令に従うという「従属」状況下で働きます。指揮命令に従ってさえいれば、そこでやる仕事の結果が出るかどうかは報酬に影響しません。時給1000円で、勤務時間5時間というアルバイトの場合、その5時間を言われたとおりに働けば、5000円の給料がもらえるのです。働き具合が悪くても、5000円が減額されたりすることはありません。もし、減額されたりすれば違法です。

正社員でも基本的には同じことです。たとえば月の基本給25万円と定められている場合、ある1カ月をきちんと働くと25万円の報酬がもらえます（税金や社会保険料は別ですが）。そこには自己責任の要素はなく、きちんと働けば、その時間や期間に応じた約束の報酬・給料が確実にもらえるという安定性が、正社員にはあります。もちろん、きちんと働いていなければ、雇い主から文句を言われたり、将来の給料を下げられたり、さらには雇い続けてもらえなくなったりする可能性はありますが、それは別の話です。

こうみると、請負と雇傭の違いは、次のキーワードに集約することができます。請負は、「独立」「自由」だけど「自己責任」、雇傭は、「従属」だけど「安定」というものです。

従属の「代償」

さて、請負のような自由で独立した働き方がよいと考えるのか、雇傭のように従属しているけれど、安定しているほうがいいと考えるのかは本人の選択次第です。ただ、今日、多くの人は安定しているほう、すなわち正社員のほうがいいと考えているようです。それは、雇傭の「従属」というデメリットより、「安定」というメリットのほうを大きく評価しているためでしょう。

正社員というのは、通常、一定の期間までと定めず、長期的に雇用される人のことを指します。雇傭のもつ「従属」というネガティブな面だけをみると、それが長期化するのは望ましくないようにも思えます。正社員は、法律上はいつでも辞める自由があるのですが、実際には辞めると生活が厳しくなることが多いので、そう簡単に辞めることはできません。

ただ、雇傭の「安定」というポジティブな面に着目すると、それが長期化することは望ましいものとなります。自由を捨てて「従属」状況に陥る代償として、長期的な安定が得られるのです。しかも、ここでいう安定は、先ほど述べたような、働けば確実に給料がもらえるという意味の安定にとどまりません。

最も重要な安定の要素は、すでに出てきた終身雇用です。「終身」とは、正確に言えば、「定年に到達するまで」ということです。終身雇用とは、企業が定年までなんとか働き場所を守ってくれる、あるいはその企業の中では無理でも、グループ企業などで働き場所を確保してくれる、ということです。そのうえ法律も、労働者を途中でクビにすることを厳しく制限しています。しかも、定年を超えても、最近の法改正により、年金が支払われる年齢までは、労働者が希望すれば企業は雇い続けなければならなくなりました。

つまり、正社員になるのは、新卒であれば40年、あるいはそれ以上のロングな雇用保障契約を結ぶのと同じことを意味します。これは、労働者にとってとても魅力的です。これだけをみれば、自由を捨てるだけの価値はありそうです。

しかも、正社員であると、職業人として一人前になるまで育ててもらえるという特典までついています。企業は、正社員となれば、長期的に働いて貢献してもらわなければならないので、きちんと訓練をして育成しようとします。雇用保障をする以上、きちんと戦力になってもらわなければ、企業は困るからです。その意味で、育成は企業の利益のためになされるものだと言えるのですが、同時に、それによって労働者のほうも技術や知識が身につくので、ありがたいことです。

人は、何らかの技術や知識を身につけようと思うとき、普通は、誰かに教えてもらわなければなりません。高いお金を払って専門学校に行くこともあります。誰かに何かを教えてもらう以上、タダというわけにはいきません。ところが、正社員は違います。たとえば文科系の学部を卒業してすぐに採用された人は、企業のためにいったい何ができるでしょうか。最初は企業の利益に何も貢献できないはずです。そこで、企業が仕事を教えてくれるのです。そして10年くらいすると、一人前の職業人になって、企業内でそれなりのポジションを得ることができます。その間、給料までもらえるのです。つまり、教えてもらって、お金ももらえるのが正社員なのです。

ここまでみると、正社員であることには、大きなアドバンテージがあることがわかるでしょう。もちろん、すでに述べたようなボーナスや退職金や福利厚生があるという点も大きな魅力です。雇傭につきまとう「従属」性も、少なくとも、正社員になれば十分に代償が払われていると言えるのです。

一方、請負はどうでしょうか。大工のような自営業者は、自分で自分を磨かなければなりません。しかも、報酬は自己責任のため、不安定です。仕事が来なければ、収入の道が絶たれます。その意味でも不安定です。このことから、たとえ請負には自由があっても、雇傭のほうがいいと考える人が多くても不思議ではありません。

雇傭の最大のメリットは「労働法の保護」

雇傭において、従属性からくる問題点のかなりの部分が、労働法によって改善されていることも、雇傭の魅力を高めています。労働法は、まさに雇傭のもつ「従属」的な状況に着目し、働く人を、そうした状況から解放するために存在しています。言い換えれば、請負にない雇傭の最大のメリットは、労働法による保護があることとも言えます。一方、請負は自由な働き方なので、労働法による保護の必要はないと考えられています。

労働法によって与えられている労働者の保護は膨大なものです。実際には、労働者も経営者も、労働法の内容をよく知らないことが多く、労働法の保護がどこまできちんと適用されているかについては疑問もありますが（⇒第3章）、少なくとも、労働法がしっかり守られている状況を想定すると、雇傭の魅力は格段に高まります。

ここでは雇傭と請負との比較という点から、請負の大工にはなくて、雇傭のサラリーマンにはある労働法の保護の典型例をいくつかみておくことにしましょう。

まず、何かあったときの補償面です。

その第一が、仕事によりケガをしたり、病気をしたりしたときの補償です。仕事によるケガや病気であれば、サラリーマンの場合には、労災保険（労働者災害補償保険）の適用を受けることができます。労災保険の適用を受けると、治療のための費用は無料となり、休業中の収入も8割補償されます。そのほか、障害が残ったときの補償や、死亡事故の場合の遺族への補償なども、手厚いものです。さらに、仕事に行く途中で事故にあったときのように、通勤途上でのケガに対しても補償があります。そして、労災保険の保険料は、企業が全額負担してくれます。

また、仕事に関係しないケガや病気については、健康保険が適用されます。このときは3割の自己負担がありますが、保険料は企業が半分負担してくれます。

一方、大工の場合でも、補償がまったくないわけではありません。大工には、国民健康保険が適用されます。ただ、これは仕事によるケガかどうかに関係ありません。仕事によるケガや病気であったとしても、手厚い労災保険の適用はないのです。しかも、国民健康保険の保険料は大工自らがすべて払い込むことになります。

実は大工のような「一人親方」と呼ばれる人たちには、労災保険に特別に加入する道があります。それが認められると、自ら保険料を払えば、労災保険の優遇された補償を受けることができます。このほかにも、中小企業の事業主なども、労災保険に特別に加入できるという制度はあります。ただ、これは例外であって、請負で働く多くの自営業者は、労災保険とは無関係なのです。

もう一つ、仕事がなくなったときの補償もみておきましょう。解雇されたり、自分で仕事を辞めたりしたとき、つまり失業してお金が入ってこなくなったとき、雇傭で働いていた人であれば、失業補償が受けられます。これを雇用保険と言います。一般には、失業保険と呼ばれるものです。

雇用保険は労災保険とは違い、補償を受けるためには若干の要件があります。まず、雇用保険に加入するには、１週間の所定労働時間が20時間以上、かつ、31日以上雇用される見込みがなければなりません。さらに、失業したときの給付を受けるためには、失業前の２年間において、雇用保険に12カ月以上加入していなければなりません。ただし、企業の都合でリストラされたような場合には、この要件が緩和されています。

とにかく雇傭であれば、ある程度の期間働いていたら、その後に仕事がなくなったときでも、政府が収入の面倒をみてくれるのです。ところが大工の場合、仕事が来なくなって収入がなくなっても、誰も補償してくれません。政府も面倒をみてくれません。というか、大工のための失業保険を政府は作ってくれていないのです。民間の保険会社も、自営業者のための失業保険のようなものは作ってくれません。なぜなら、こうした保険を作っても、腕に自信のない自営業者ばかりが加入して、利益が出そうにないからです。

そもそも自営業者には、解雇や退職といった概念がありません。そのため、失業という概念も成り立ちません。とはいえ、仕事ができなくてお金が入ってこなくて困るという状況は、請負で働く自営業者にも生じる可能性があります。これは、雇傭で働くサラリーマンの失業と同じようなものです。それなのに、雇傭についてだけ、政府は雇用保険という制度を設けて助けているのです。

まだまだある、サラリーマンの特権

以上のように、雇傭で働いていれば、労災や失業といったピンチに陥ったときに金銭的な補償があります。しかし、そうしたもの以外にも、多くの特権があります。次に、その代表的なものをあげておきましょう。

第一に、雇傭であれば、先にも出てきたような解雇からの保護があります。つまり、サラリーマンは、企業から突然クビになることは基本的にはないのです。法的には、「正当な理由」があれば解雇できるとされていますが、実際の裁判ともなれば、「正当な理由」はなかなか認められません。自分のほうに大きな落ち度のある場合でも、退職金が支払われない懲戒解雇という厳罰は、よほどの場合でなければ認められません。

これに対して請負は、たとえそれまで継続して仕事をくれている注文主がいたとしても、その注文主の気が変わってもう発注しないと言われれば、それまでです。契約が継続することに対する保証はありません。いつでもクビになるのです。

第二に、雇傭であれば、有給休暇というものがあります。正式には、年次有給休暇と言います。たとえば新入社員は、入社から半年経つと、そこまでの期間８割以上出勤していれば、その後１年間で10日の年次有給休暇を取ることができます。つまり、10日は休んでも給料がもらえるのです。年次有給休暇の日数は、勤続年数が長くなるにともない、最大20日まで増えます。勤務日数が少ない人であっても、継続して勤務していて、８割以上の出勤という要件を満たしてさえいれば、多少日数は減りますが、年次有給休暇を取ることができます。

一方、請負には、こうした法律上の休暇制度はありません。休みたければ、自主的に休業することになります。誰かにお願いして、休みを取らせてくださいとお願いする必要はありません。ただ、休んでも、誰もお金はくれません。その意味で、休んでもお金がもらえる雇傭は、やはり恵まれていると言えます。

ついでに言うと、雇傭であれば、企業の都合で働けなくなったときには、最低限6割の給与補償があります。これを休業手当と言います。これは法律により、企業に支払いが義務づけられているものです。一方、請負には、こういう補償は法定されていません。

第三に、雇傭であれば、たくさんの時間数働いたときに、ご褒美があります。これが割増賃金と呼ばれるものです。1日8時間を超えて働いたとき、1週間40時間を超えて働いたときには、通常の給料の2割5分増しとなります。夜10時から朝5時までの時間帯に働いたときもまた、通常の給料の2割5分増しとなります。

実際には、「サービス残業」と言って、何時間働こうと、こうした割増賃金が支払われないことはあるのですが、これはもちろん違法です。あまりにひどい企業は摘発されたりもしています。「サービス残業」は犯罪なのです。

一方、請負であれば、割増賃金をもらう権利はありません。そもそも、その日、その週に何時間仕事をするかは、基本的には本人が自由に決定できます。だから、たくさん働くということは、本人自らそう決定したということになります。これではご褒美がもらえるわけがありません。

このようにみていくと、請負ではなく、雇傭を選択することは、きわめて冷静で合理的な判断であると言えます。正社員は、「いつでも」「どこでも」「何でも」する労働者ですが、それは雇用の保障や育成というメリットとセットとなっていますし、さらに労働法による保護もあります。雇傭のもつネガティブな面は十分に理解したうえで、そのポジティブな面と比較し、後者のほうが多いという計算をしたうえで、納得して雇傭を選んでいるとすれば、これはむしろ自由な働き方であると言うこともできそうです。

雇傭で働くと選択した後は「従属」的になるとはいえ、その選択をする時点では、誰に強制されたわけでもありません。だとすると、請負のほうが自由だと強調するのは、適切ではないのかもしれません。

正社員は一部のエリートだけのもの？

このように、雇傭であっても、正社員であればそれほど悪い状況で働かされるわけではありません。であれば、政府は、正社員をもっと増やす政策を進めればよいのではないか、と考える人が出てきても不思議ではないでしょう。しかし、こうした方向の解決策は現実的とは思えません。むしろ現実には、正社員の枠は狭《せば》まりつつあるからです。

これは、企業にとって、正社員として長くつなぎとめたいと考えたくなるような人材がどれほどいるのかが問われはじめている、ということを意味しています。少し前までの日本では、大学を出れば正社員となるのが一般的でした。20歳やそこらの若者に、どれだけの能力が眠っているかは、企業にはよくわかりません。ただ、大学に入学し、卒業できるだけの力をもっているならば、正社員にふさわしい基礎的な能力があるとみなされてきました。企業には、個々の労働者がどれくらいの能力があるかという点は、実際に働き始めるまでは知りようがありません。したがって、学歴という外形的な基準を頼りにして、それを能力の代理指標とみて採用してきたのです。

こうして、日本社会に学歴神話が生まれました。大学に入る、しかも良い大学に入ることが優良企業への就職を約束させ、正社員としての安定した人生を保証することにつながったのです。親が、自分の子どもを良い学校に入れるために教育に必死になることには、このような理由がありました。

しかし、この学歴神話は徐々に崩れ始めています。少子化が進んでいるにもかかわらず、大学の数は増えてきました。2007年には大学は全入時代を迎えました。誰でも、（選ばなければ）どこかの大学に入れる時代になったのです。実際、試験なしに入学させる大学も増えてきました。日本の大学は、ただでさえ単位認定や卒業認定は緩いと言われています。これに加えて入学まで簡単になると、大学を卒業したという事実は、単に親に学費を負担するだけの経済的余裕があったことを意味するにすぎなくなってしまいます。

このような時代に、大学生を受け入れる企業も馬鹿ではありません。大卒であればOKという時代は終わり、今では大学をランク分けして選別するようになっています。つまり、一部の一流大学卒の学生しか相手にしないようになっているのです。企業が学歴を重視していたのは、学歴が基礎的な能力の代理指標となっていたときの話です。代理指標にはならなくなった大卒という学歴では、企業が信用しないのは当然です。

このような状況の変化を考えてみれば、大学を出ても正社員になれない人が増えてくることは仕方がないことです。

いまや多くの企業に広く普及した成果主義は、正社員として雇ったけれど、十分に貢献できない人に対して、雇用は保障するけれど、賃金は下げるという企業側の対抗手段でした。

本来は、賃金が下がると労働者は働く気が失《う》せるので、生産性に影響して企業にマイナスをもたらします。したがって、働く意欲ということを考えれば、勤続年数に応じて給料が自動的に上がる年功型賃金のほうが企業には都合がいいはずなのです。それでも成果主義を導入するのは、それだけ正社員として処遇するに値しない労働者が増えてきたことを示しています。

企業の幹部に育て上げるための正社員は、常にある程度の人数は必要です。しかし、その人数が多すぎたのではないかということを企業は反省しはじめたのです。そこで、採用選考の段階でいっそう厳しいセレクションをするようになってきたというわけです。だから、たとえ政府がどんなに正社員の数を増やす政策を推し進めても、企業のほうに正社員採用のニーズに限界がある以上、政策の効果はそれほどないでしょう。

要するに、働く側からしてみれば、簡単には正社員になれない時代が来たということです。多くの人は、かつてのような羨《うらや》ましい正社員にはなれない、簡単に言えば「正社員時代の終焉」です（大久保幸夫編著の同名の本〈日経ＢＰ社〉を参照）。

雇傭には、ここまで述べてきたように、デメリットもありますが、それを帳消しにするようなメリットがありました。ただ、そのメリットは、正社員でなければ十分に味わうことができないものです。そこでいう正社員とは、単に名称が正社員であるだけの人は除外されます。「真の意味での正社員」に限られます。真の意味での正社員でなければ、雇傭のデメリットのほうが上回り、むしろ雇傭の過酷な本質が浮かび上がってくるのです。

このように考えてくると、正社員を目指すという生き方は、一部のエリート以外は諦めたほうが賢明なのかもしれません。そこで浮かび上がってくるのが、請負という自営の独立した働き方です。どうせ保障がないのなら、「いつでも」「どこでも」「何でも」という要素のない自営のほうがいいとは考えられないでしょうか。

第2章

正社員の解体

非正社員という選択肢

前章の最後に「正社員時代の終焉」と書きました。しかし、だからといって、ただちに自営の時代がやってくるわけではない、という意見もありそうです。正社員でなくても、非正社員という働き方があるだろう、ということです。非正社員（非正規社員とも呼ばれます）とは、派遣、契約社員、パート、アルバイト、フリーターなどと呼ばれている人たちのことで、「いつでも」「どこでも」「何でも」という要素が少なくとも一つは欠けています。その分だけ、正社員よりは自由度が高い働き方をしています。

しかも、法律の保護という点では、非正社員も「雇傭」で働いているので、正社員と同じです。それだったら、正社員が無理としても、一足飛びに自営ではなく、非正社員で働くという選択肢もありそうなものです。実際、非正社員で働く人の数は増加傾向にあります。正社員と非正社員の比率は、現在ではおおよそ2対1くらいとなっています。

もちろん、非正社員で働くことを強く薦めているわけではありません。世の親は、大学を卒業した自分の息子や娘が派遣で働きたいと言ってくれば、正社員のメリットを必死になって説いて、翻意させようとするでしょう。アルバイトやフリーターと同様、派遣も一人前ではないとみられています。非正社員となることへのこうした低い評価には、言うまでもなく、非正社員としての働き方と正社員としての働き方との間に大きな格差があるからです。

もちろん、政府はこうした格差に対して、手をこまねいていたわけではありません。先に述べたように、非正社員は正社員と同様、雇傭で働く労働者としての法的な保護があり、さらに近年の立法で、その保護はどんどん強化される傾向にあります。つまり、現代の労働法の流れは、非正社員を正社員に近づけようとすることに主眼があると言ってもよいのです。

したがって、もし正社員になれなかったとしても、それに近い存在であれば非正社員でもいいと考える人が出てきても不思議ではありません。

法律からみた、正社員と非正社員

ところで、正社員にしろ、非正社員にしろ、実は法律上、その定義はどこにも書かれていません。定義がないということは、法律上、両者を区別することもできないということです。つまり、雇傭で働く者であるかぎり、正社員と非正社員は同じ扱いになります。

たとえば、労働法の中の代表的な法律である労働基準法が適用されるのは、「労働者」だけです。この「労働者」に、正社員も非正社員も一括りで含まれます。そのため、非正社員だから保護が適用されないとか、保護が劣るとか、そういうことはありません。

それはなぜかというと、正社員であれ、非正社員であれ、指揮命令を受けて働くという点では同じであり、その意味で、同じように従属的な状況にあるからです。たとえば給料についてみてみましょう。給料の最低基準は、最低賃金法という法律によって各都道府県で決まっています。その額は毎年改定されます。パートやアルバイトといった非正社員たちの給料は低いと言われますが、それでも、最低賃金以上のものは支払われているはずです。これは、法律の保護を受けていることの現れです。

もちろん、ときには差が設けられることもあります。たとえば労働時間が短かったり、雇用期間が短かったりすると、年次有給休暇の取得可能日数が減少したり、雇用保険の適用が否定されたりすることはあります。しかし、これは事柄の性質上、やむをえないことです。たとえば、週1日の勤務の非正社員が、毎日働いている正社員と同じ日数、年次有給休暇を取れるのはおかしいでしょう。

とはいえ、少なくとも基本的な保護に着目すると、正社員も非正社員も、同じ労働者として同じ扱いを受けることができるのです。第1章で、雇傭と請負（自営）とを比較したときに確認した雇傭の特典は、非正社員にもほぼそのまま認められるのです。

正社員との格差はどこから生じるか

とはいうものの、現実には、正社員と非正社員との間に格差がついていることも事実です。では、どうしてそのようなことが起こるのでしょうか。その理由は簡単です。正社員には、法律で定めている処遇を上回るものを、企業が自ら与えているからです。

第1章で、雇傭で働くことの代償として、企業からの「特典」と法律による保護という二つのものがあると書きました。正社員は、この二重の代償を享受できるのですが、非正社員となると、このうちの企業からの「特典」がなくなるか、削減されるのです。

たとえば、先ほど述べた最低賃金は、確かに正社員にも非正社員にも平等に適用されます。正社員であれ、非正社員であれ、最低賃金を下回る給料が支払われていれば、それは違法です。ただ、正社員の給料は、実際には最低賃金よりもはるかに高い額で設定されています。最低賃金やそれに近い給料で働くことが多い非正社員とは違うのです。

たとえば、2012年度の最低賃金は、私の住んでいる兵庫県では時給749円です。私のゼミ生は、アルバイト代が時給750円と言っていました。アルバイトであれば、最低賃金と変わらぬ給料のこともあるのです。かりに時給750円で1カ月に200時間働いた場合、1カ月の給料は15万円です。200時間というのは、週休2日で残業もそこそこあるフルタイムの労働者なみの労働時間です。一方、兵庫県神戸市の企業で働く正社員であれば、15万円以上の給料はもらっているでしょう。

正社員は給料が高いだけではありません。勤続年数が増えるにつれて、給料は上がっていきます。そのため、ある程度の年齢になると、正社員と非正社員との給料の格差はかなり大きいものとなります。正社員の給料が高くなっていくのは、仕事の質が徐々に高いものになるからです。それに加えて、企業は、正社員にはできるだけ長く働いてもらいたいと考えるため、長く働いたほうが得になるような給料システムを設計しているからです。

これは第1章で述べた教育訓練の話とも関係しています。正社員は、将来、重要な仕事をしてもらわなければならないため、企業からきちんとした訓練機会を与えられます。これは労働者のもつ人的資本（技能、知識など）に、企業が投資していることを意味します。投資にはリターンが求められます。企業は、そのリターンが確実に得られるように、労働者を自社内に長く確保しようとするのです。退職金が、勤続年数の長さに応じて増えていき、早く辞めると損をするようになっているのもまた、同じ理由からです。

繰り返し述べるように、正社員とは、企業にとって長くいてもらいたい人材です。そのための条件として、企業に長期的に貢献できるだけの基礎的能力のある人材であることを求めるのです。こうした人材である正社員であれば、企業は、法律が義務づけている労働条件よりもはるかに高い水準の保護を自ら進んで与えようとするわけです。

しかも、企業ごとに組織されている労働組合が、企業が正社員に対して約束している優遇をきちんと与えているかどうかのチェックをしてくれます。

一方、非正社員は、そもそも長期的に働くことが想定されていないので、企業としては手をかけて育てようとはせず、したがって、高い給料を提示してつなぎとめようともしません。そのため、いつまで経っても技能は向上せず、難しい仕事もさせてもらえません。給料も上がらず、ボーナスも支給されないのが普通です。

また、法律は、解雇には正当な理由がなければならないとしていますが、非正社員の多くは、はじめから労働契約の期間に制限がある有期労働契約です。契約した期間中の雇用は守られますが、期間が満了すると雇用は終了となります。

しかも非正社員は、通常は労働組合への加入資格がないので、労働組合のサポートを期待することができません。最近では、企業外の地域レベルで組織されている労働組合（コミュニティ・ユニオンなどと呼ばれています）が非正社員の不満の受け皿となっていますが、企業から正社員並の優遇を勝ち取るまでの力はもっていません。

要するに、非正社員の場合には、法律の保護はありますが、企業の優遇という一番重要な保護がなく、労働組合のサポートもないということです。その上、雇用は不安定であり、育成もしてもらえません。給料も低くなります。すなわち、非正社員で働くと、代償が不足するので、雇傭のもつデメリットは、メリットを大きく上回ってしまうのです。

格差の解消に向けた立法

そこで、労働法は、こうした非正社員の苛酷《かこく》な状況に着目して、さまざまな対応をしてきました。先ほども述べたように、近年の労働立法のかなりの部分は、正社員と非正社員との格差の解消に向けられていました。

たとえば、格差問題が一番大きくクローズアップされたのは２００７年です。この年は最低賃金法の改正があり、生活保護との逆転現象の解消をめざすこととされましたし、同時に、パート労働法も改正されました。このパート労働法の改正により、正社員と同視できるようなパートは、正社員と差をつけることが禁止されました。

また、正社員と同視できるほどのパートでなくても、企業は、正社員との間で、給料面の均衡をとるよう努めるものとされました。つまり、正社員の給料との差があまりに大きくなりすぎないようにせよ、ということです。

さらに、2012年には労働契約法が改正され、有期労働契約で働く労働者の保護が強化されました。

この改正の第一のポイントは、有期労働契約を簡単に打ち切ることをできなくするルールを法律で明記したことです。有期労働契約というのは本来、期間が満了したところで終了するはずです。たとえば3カ月の契約で雇われた労働者は、3カ月経過したところで雇用が終わるはずです。なぜなら、それは言うまでもなく、もともとそういう契約だからです。このとき企業は、解雇のときのようになぜ契約を終了させるかについて正当な理由があることを証明する必要はありません。極端なことを言えば、企業側はその労働者が巨人ファンであることが気に入らないという理由で契約を打ち切ってもいいのです。

しかし、有期労働契約を何度も更新していれば状況は変わってきます。有期労働契約が何度も更新され、次もまた更新されるだろうと労働者が期待することにそれなりの理由があると判断できる場合には、契約を打ち切ることは解雇と同じように扱われるのです。これは要するに、企業は正当な理由がないかぎり契約を打ち切ることはできず、これまでの有期労働契約を更新することが強制されるのです。

これは1974年以降、最高裁判所が作り上げていたルールで、「雇止め制限法理」、あるいは「雇止め法理」と呼ばれます。これが、労働契約法という法律のなかに取り入れられたのです。

第二のポイントは、有期労働契約を更新して通算5年を超えた場合には、労働者が希望すれば無期労働契約に転換されるという制度です（本書では、これを「無期転換ルール」と呼ぶことにします）。これは、非正社員として働いていても、長期的に勤務していると正社員になれるということです。よく考えると、この「無期転換ルール」は、ずいぶんと大胆なことを法律で定めたと言えます。

私のゼミの学生を見ていると、毎年、大変な思いをして就職活動をしています。そうした苦労を経た末に内定をもらい、正社員のステータスをようやく獲得することができます。それに比べて、非正社員の就職は簡単です。履歴書を企業に持って行くだけでいいのです。ところが、非正社員を5年以上続けていると正社員になれてしまうというのが、新しい法律の定めです。これでは、正社員の「裏口入学」という陰口がたたかれそうです。

実際には、非正社員から正社員への転換組は、企業では「真の意味での正社員」とは扱ってもらえない可能性が高いと思われます。法律でも、非正社員から正社員に転換しても、労働条件は非正社員のときと同じとされています。企業としては、労働契約の期間は無期だけれど、労働条件は非正社員並という、新たな正社員の地位を作り出さなければならないということです。

2012年の労働契約法の改正の第三のポイントは、不合理な労働条件の禁止です。有期労働契約の労働者の労働条件が有期であることを理由に、無期労働契約の労働者の労働条件と、不合理な差を設けてはならないのです。不合理かどうかは、職務の内容（業務の内容や業務にともなう責任の程度）や配転の範囲などを考慮して判断されます。

不合理かどうかの基準は明確でないので、この規定により、どこまで有期労働契約で働く人の労働条件が向上するかわかりません。政府が想定しているのは、通勤手当、食堂の利用、安全衛生の面で、無期労働契約の労働者と同じように扱えということであって、たとえば基本給のような中核的な労働条件においてまで同じようにせよということではなさそうです。この新しい規定は、有期労働契約であるからといって、労働条件をあまり低くしないようにしようというメッセージはもっていますが、強制力をもつものではありません。

皮肉な現実？

このように、法律によって有期労働契約で働く労働者の雇用の安定や処遇の改善を図ったとしても、想定どおりにいくかどうかについては疑問もあります。政府が法律を作って無理に正社員を増やそうとしても、その思惑どおりには進まない可能性が高いのです。

第1章の最後でも述べたように、「真の意味での正社員」となれるのは、それにふさわしい人材だけです。そうした人材であれば、実は、法律に強制されなくても、自発的に企業のほうから正社員のポストを提示してくるでしょう。それは、有能な人材を非正社員のままにしておくと、辞めて他社に行ってしまう可能性があるからです。

法律の力を借りなければ正社員になれないのは、逆に言えば、企業が正社員とするに適していないと考えている非正社員ということになります。企業の本音としては、いくら法律で定められても、そんな人材を正社員に押しつけられては困ります。そこで企業は、対策を練ることになるでしょう。

考えられる一つの対策は、「真の意味での正社員」よりも、一段劣る正社員ポストを設けるということです。

ただ、それよりも簡単なのは、無期労働契約への転換権が生じないようにすることです。

「無期転換ルール」において、無期労働契約への転換を求める労働者の権利は、有期労働契約を更新して5年を超えてしまったときに生じます。そうだとすると、企業としては、更新が5年を超える前のところで契約を打ち切ってしまえばいいのです。たとえば、期間1年の労働契約であれば4回更新したところで止めるか、それより前に止めてしまえばいいのです。

これがうまくいくかどうかは、有期労働契約の打切りに関するもう一つのルール、すなわち「雇止め制限法理」と関係してきます。たとえば4年目のところで、有期労働契約の更新を打ち切ろうとしても、「雇止め制限法理」により、打切りは解雇と同視され、正当な理由がないので許されないこともあります。

実は「雇止め制限法理」の最大の問題点は、いったいどのようなときに、この法理が発動されるのか、はっきりしないところにあります。次もまた更新されるだろうと、労働者が期待することにそれなりの理由があると判断できる場合にこの法理が発動されるのですが、それが実際にどういう場合なのかは明確ではありません。

これは要するに、有期労働契約の更新を拒絶された労働者が一か八かで訴訟して、裁判所が訴えを認めてくれるかどうかにかかっているのです。また、「雇止め制限法理」が発動されたからといって、ただちに雇止めを阻止できるわけではありません。「雇止め制限法理」

の発動は、有期労働契約の更新を拒絶することによる雇止めを解雇と同視するというだけであって、正当な理由があれば、最終的には雇止めは可能なのです。ただ、この正当な理由の判断も、裁判所がどう言うかにかかっていて、事前に予測するのは難しいのです。どんなに有能な弁護士でも、これは勝訴できる、あるいは敗訴のおそれがあると自信をもって言うことは難しいでしょう。

こうしたことから、有期労働契約を利用している企業は、法的なリスクを回避するために、その契約をできるだけ更新しないようにすることが予想されます。そうなると、有期労働契約で働く人の雇用の安定のために設けられた規定が、かえって有期労働契約の雇用の短期化、不安定化をまねくことになります。これは皮肉なことではないでしょうか。

実は、有期労働契約で働く人のなかには、無期労働契約で働くことを望まず、ずっと有期労働契約のままでよいと考えている人もいます。ところが企業は、5年を超えてしまうと、いつ無期労働契約への転換を労働者が言い出すかわからないので、その危険を考えると有期労働契約の更新をすることを避けたくなるのです。

それなら、労働者のほうから、たとえ5年を超えても、「無期労働契約への転換権は行使しません」という一筆を差し入れておけばどうか、と考える人もいるかもしれません。しかし、こうした一筆は政府の解釈によって、法律的には無効と解釈されています。これを有効としてしまえば、企業は、労働者にこのような一筆を書けと強制するおそれがあり、そうなると、法律で無期労働契約への転換権を認めた意味がなくなってしまうからです。

いずれにせよ、かりに政府の想定どおりに正社員が増えたとしても、一段劣った正社員のポストの創設や、正社員全体の労働条件の引下げをして対処しようとする動きが起きることが予想されます。

やや局面は違いますが、２０１２年は労働契約法だけでなく、高年齢者雇用安定法も改正された年でした。この改正により、高年齢者は、定年後であっても、希望すれば誰でも年金支給開始年齢（最終的には65歳）まで就労を継続できることになりました。定年後の就労は嘱託のような一種の非正社員のこともありますが、定年年齢を引き上げることもあります。このときには実際上は、定年年齢（通常は60歳）より高齢の正社員を増やしたことになります。

この法律が施行されたのは２０１３年４月です。しかし、その前から企業は対応し始めていました。対応の仕方はさまざまですが、当の高年齢者だけではなく、より若い中年層や若年層の労働者の労働条件の引下げが行われる例が実際に現れています。このように、企業としては正社員が増えると人件費がかさむので、労働条件を低下させる必要が生じるのです。同じようなことは、法律が有期労働契約の労働者を無期労働契約に移行させようとした場合にも起こりえます。すなわち、正社員をせっかく増やしたとしても、その正社員ポストは魅力のないものになるという皮肉なことが起こりかねないのです。

「調整弁」になるのは誰か

非正社員から正社員へと誘導するという法律の動きをみていると、そもそも非正社員としての働き方はなくてもよいのか、という疑問も出てきそうです。これは、いかなる理由で正社員と非正社員という雇用区分があるのか、ということも関係しています。ここで、そのことについて少し触れましょう。

企業が非正社員を必要とする主たる理由は、景気変動があるからです。企業経営には波があります。うまく行くときもあれば、うまく行かないときもあります。正社員は、景気が悪化して経営がうまく行っていないときでも、解雇されることはあまりありません。法律上も、解雇は制限されています。それに、循環的な景気の波に応じて解雇をしたりしていると、景気が回復したときに経営を支える正社員がいなくなってしまいます。したがって、景気の変動に応じた雇用量の調整は、正社員ではなく、非正社員で行う必要が生じます。つまり、非正社員は景気変動の調整弁でもあるわけです。

こうした現状をふまえると、もし非正社員を減らしていくとするとどうなるでしょうか。正社員のなかから景気変動の調整弁になる者を探していかざるをえません。もちろん、正社員を非正社員と同様の景気変動の調整弁として取り扱うことは、現在の法律からすると容易なことではありません。

経済的理由による解雇（整理解雇と呼ばれます）は、「人員削減の必要性」「解雇を回避するための努力」「解雇される労働者の選定の相当性」「解雇される労働者側との協議手続の相当性」という四つの要素に基づいて、その有効性が判断されます。この四つの要素を満たしていれば解雇できるのですが、「解雇を回避するための努力」という要素はきわめてあいまいで、企業としてはどこまでやればよいかはっきりしないところがあります。そのため、実際には、整理解雇はきわめて困難と考えられてきたのです。

非正社員が景気変動の調整弁であることは、「解雇を回避するための努力」という要素に関係していました。企業が人員を削減する必要があるとき、有期労働契約の労働者の雇止めをすると、正社員の「解雇を回避するための努力」をしていると評価されたのです。逆に、非正社員を雇止めにする前に正社員を解雇すると、「解雇を回避するための努力」が不十分として、解雇が無効とされる可能性が高まるのです。

もっとも最近では、非正社員を先に雇止めにするのは、非正社員を差別するものだという批判が出てきています。この批判を受け入れると、非正社員を景気変動の調整弁とすることは難しくなっていきます。そうすると、正社員のほうを景気変動の調整弁とする必要が出てくることになります。

正社員を、たとえ一部であれ、景気変動の調整弁とするためには、解雇ルールを緩和せよということになりかねません。これは、非正社員的な正社員を増やすということとなるでしょう。

実は、アメリカでは、性差別や人種差別のような法律違反の場合を除き、解雇は、基本的には自由にできます。正社員だからといって、雇用が安定しているわけではありません。むしろ、日本的な意味での正社員や非正社員の区別はないと言ったほうが正確でしょう。雇用が安定している正社員というのが、そもそも存在していないからです。非正社員をなくそうとすると、非正社員的な正社員が増えることになり、それは結局、正社員をなくそうとすることと変わらないことになります。

ほんとうの不正義とは何か

格差の是正は、恵まれた正社員を増やすことにつながりません。むしろ、恵まれない正社員を増やすだけに終わるかもしれないのです。格差の解消とは、社会正義を実現する主張のように聞こえるので、人々の受けは良いものです。誰だって、労働者の間に格差があってよいかと聞かれたら、よくないと答えるでしょう。

しかし、この質問は、ミスリーディングなところがあります。本当は、格差には「良い格差」と「良くない格差」があるのです。良い格差とは、正社員の雇用を守るという正当な目的があり、しかも非正社員のほうも格差に納得している場合です。たとえば、主婦パートの多くは、正社員との間で格差があることについて納得しているはずです。学生アルバイトも同様です。こうした主婦パートや学生アルバイトからすると、自分たちの雇用が安定したり、給料が上がったりしても、それによって夫や親の雇用が不安定になったり、給料が下がったりしたら、元も子もないでしょう。

むしろ、こうした人たちは、格差の解消のためというような理由で、正社員と同じように働かされたり、責任をもたされたりすることを望んでいません。「いつでも」「どこでも」「何でも」という正社員としての働き方に、積極的に背を向けているわけです。そうした人は正社員との格差があることに納得しているのです。

ちなみにパート労働法が２００７年に改正されたとき、企業に対して、パートからフルタイムへの転換を促進する措置を講じるよう義務づけがなされました。ところが、これによってフルタイム（正社員）になった労働者が目立って増えたという話は聞こえてきません。その背景には、パート労働者のなかで、フルタイムに転換したいと考えている人はそれほどいなかったという事情があります。やはり、パートで働くということについて納得していた人が多かったのです。

では、「良くない格差」はどのようなものでしょうか。

たとえば、正社員になろうとしてなれなかった非正社員は、格差に納得していないことが多いでしょう。それでも、正社員になれなかった理由が本人の力不足であれば、それは仕方ないところもあります。ただ、力は十分にあるにもかかわらず、たまたま就職活動に失敗したり、あるいは学卒時に景気が悪く、就職氷河期にぶつかったりしたために正社員になれなかったような人たちもいます。

こうした不本意だけれど非正社員をしているという「イヤイヤ非正社員」からすると、たいした能力もないのに、いったん獲得した正社員としての地位を法律によって守られている者との間には、不当な格差があると感じるでしょう。いわば、サッカーのJリーグにおいて、J2でどんなに良い成績をあげたチームであっても、J1に上がれないようなものです。AKB48で、どんなに人気があっても、研究生から正規メンバーに昇格できないようなものと言ってもいいかもしれません（実際には、どちらの場合も昇格の道はありますが）。

法律によって強制的に正社員を作り出そうとすることには、それほどの大義はありません。しかも、大義なきことをすれば副作用が出てしまうものです。しかし、能力のある非正社員と能力が不足する正社員との入替えをすることであれば、十分な大義があります。

だからといって、非正社員の正社員との入替えを強制することまですると、先ほどもみたような強制的に正社員を作り出すのと同様の問題が生じます。ここで必要なのは、能力の劣る正社員を解雇しやすくして、正社員のポストを明け渡すことができるようにすることであり、それによって非正社員が正社員ポストを獲得する「可能性」を作り出すことです。これは、Jリーグの例で言うと、かつて行われていたJ1の成績の悪いチームとJ2の成績の良いチームとの「入替え戦」のような発想です。

あるいは、数年前にプロの将棋界でこういうことがありました。将棋界ではプロ（四段以上）になる前の棋士の卵は奨励会という組織に所属するのですが、そこでは年齢制限があって、一定の年齢までに一定の段位に上がらなければ退会させられてしまうというルールになっています。現在、女性で初のプロ棋士を目指している里見香奈さんも、この年齢制限（26歳までに四段昇段）との戦いのなかで頑張っています。

瀬川晶司五段は、かつてこの年齢制限ルールに引っかかって退会を余儀なくされたことがありました。普通はこれによって棋士になる道は完全に絶たれます。ところが、瀬川五段はアマチュアながら、プロ棋士との対戦で勝ち続けて高勝率をあげたことから、特別にプロへの編入試験が認められ、その試験をパスしてプロになることができました。プロとなるのは、いわば正社員になることです。瀬川五段は、正社員への編入試験のチャンスが与えられ、そのチャンスを見事にものにしたのです。

能力のある人が、意欲があるのに正社員になれないのは、社会的に不正義であるという考え方は多くの人が共有できるものでしょう。若いときに逸したチャンスも挽回可能であるということは、夢のあることです。瀬川五段の場合には、いわば中途採用で正社員になったのです。これは現役棋士のポストを一つ削ったことではないので、厳密に言うと「入替え」とは言えませんが、能力のある人が登用されると、その棋士と対戦しなければならない現役棋士はそれだけ成績が悪くなり、引退という形で棋士の世界から追い出されやすくなりますので、広い意味では「入替え」と言ってもよいでしょう。

「格差是正」の行き着く先

第1章では、「雇傭」という働き方における従属性をみたうえで、正社員であれば、そのネガティブな面を補うようなメリットがあると指摘しました。ただ、その正社員の枠は狭くなっていくだろうと述べました。そこで出てきたのが、自営的な働き方でした。

これに対して本章では、非正社員としての働き方はどうかということを検討してみました。非正社員には、正社員のような「いつでも」「どこでも」「何でも」という要素がないだけ自由度が高く、実際、そのような理由で自発的に非正社員となる人もいます。ただ、非正社員のままで経済的に自立していくのは至難の業《わざ》です。だから、非正社員として働くことは、自らの力で生活を維持していこうという人には薦められるものではありません。

とはいえ、昨今の労働法は、非正社員の保護を強化するための規制を強めてきました。雇用社会における格差を放置できないという主張は人々の心に強く訴えかけるものがあり、特に労働者の利益に敏感であった民主党政権時代の政府を動かすものでした。

ところが、格差の解消のために非正社員を正社員に近づけていくという政策は、法律という強権を発動してそれをやろうとしたとき、破綻は目にみえていたのです。「みんなが正社員」というのはスローガンとしてはよいものの、現実性が欠けていました。企業には、そんなに多くの正社員はいらないのです。もちろん「真の意味での正社員」ではなく、二線級の正社員であれば受け入れ可能でしょうが、それは「みんなが正社員」のスローガンが本当にめざしているところではありません。

それだけでなく、「みんなが正社員」のスローガンは企業に無理をかけることになり、正社員の給料や雇用を不安定にします。成果主義がもっと広く導入され、基本給は引き下げられやすくなるでしょう。さらには、正社員の雇用保障をも危うくするのです。経済的な理由による整理解雇を制限する法律のルールの見直しが強く求められることになるでしょう。こうなると、正社員は恵まれた存在とは言えなくなります。

他方、本当の不正義というのを見据えようとすると出てきたのが、能力があるにもかかわらず、正社員へのチャンスがない非正社員と、法律によって雇用が守られているものの、能力では劣る正社員との間の格差です。非正社員と正社員一般の格差を法律によって是正していこうとするのは乱暴な議論だとしても、能力のある非正社員と能力に劣る正社員の「入替え」であれば、むしろ積極的にやるべきことだと思います。真の格差問題は、ここにあるからです。

非正社員はどんなに政府が介入しても、魅力的なポストにならないでしょう。非正社員は、「雇傭」のネガティブな面が最も鮮明に現れるものだからです。だからこそ「イヤイヤ非正社員」にとっては、そこから脱出できるような「入替え」が必要なのです。政府がやるべきなのは、こうした「入替え」を実現するための解雇制限ルールの見直しなのです。

その一方で、正社員の雇用の安定を守ろうとすれば、雇用が不安定で景気の調整弁となるような非正社員は不可欠です。それだけでなく、非正社員の自由の側面をみて、その働き方を望む人もいます。そうした人は、処遇が上がっても、それによって、かえって自由度が下がるほうをいやがるでしょう。つまり、非正社員という地位はなくならないし、また、なくすべきではないのです。

このようにみると、非正社員をめぐる法律の議論は、その労働条件を改善しようとするものであれ、正社員への転換を強制するものであれ、結局のところ、正社員の地位を危うくするだけに終わりそうな気がします。正社員は既得権に安住しているという議論が強まってきたのは、格差是正論の副産物と言えるでしょう。正社員にしてみれば、とんだとばっちりかもしれません。しかし、遅かれ早かれ、そういう時代が来ることは避けられなかったとも言えます。正社員としての価値のない者は、正社員の大きな特典である雇用や給料の安定を享受できない時代が来たのです。

第3章

ブラック企業への真の対策

労働法は、労働者を守っているのか？

第1章と第2章では、雇傭で働くことには従属性というデメリットがあるとはいえ、正社員であれ、非正社員であれ、労働法による保護というその代償のメリットがあると述べてきました。しかし、現実の雇用社会において、労働法の保護があることを前提として考えることは、はたして妥当なのでしょうか。労働法を知らない企業や労働者が実際に数多くいるという事実を直視すると、労働法の保護によって、雇傭の従属状況が解消されていると考えるのは、あまりに楽観的であると言えそうです。

もちろん、「真の意味での正社員」であれば、企業からの優遇が十分にあり、従属状況に対する代償があるので、それで十分かもしれません。労働法の保護は、そもそもなくてもかまわない状況にあるとも言えます。

実は10年ほど前までは、労働法に関心を寄せる労働者はあまりいませんでした。大学の講義でも、労働法の受講生は多くありませんでした。今日のように非正社員の問題が大きな関心を集める前の時代です。当時の正社員は、労働法と無縁の世界にいました。労働法を意識しなくても、かなり満足した職業人生を送ることができたのです。もちろん「いつでも」「どこでも」「何でも」するので、長時間労働による疲弊や頻繁な配転などに対する不満はあったでしょう。しかし、労働法を武器にして戦おうというようなことは考えもしなかったのです。それは、雇用の安定をはじめとする企業の優遇があまりにも大きいもので、余計なことをしてそれを失いたくはなかったからです。

しかし、そうした正社員は、今日はかなり減ってきています。とりわけ、いわゆる「ブラック企業」で働いているような場合には、かりに正社員として働いていても、労働法の保護はほとんど期待できません。もちろん、それだけでなく、企業による優遇もないことが多いのです。そこには、代償のないデメリットばかりの雇傭という、まさに奴隷状態が出現することになります。

ブラック企業の特徴

さて、世間において、ある企業を「ブラック企業」と呼ぶとき、そこにはいくつかの共通する特徴があるように思えます。まず挙げられるのは、もともと労働法を守るつもりがまったくない企業です。それはたとえば、次のようなことをしている企業です。

・どんなに残業させても残業手当を支払わない

・店長には、管理職であることを理由に、残業手当を支払わない
・勤務時間外に残業をさせてもそれを残業扱いにしてくれない、タイムカードを打刻した後も残業を続けさせる
・休憩時間を与えずにぶっとおしで長時間働かせる
・年次有給休暇を取るときに、理由を書かなければ認めてくれない
・仕事でケガをしても労災扱いにしてくれない
・求人のときに広告に出ていた労働条件が、実際とはまったく違っている
・辞表を書いた労働者に徹底的な嫌がらせをする
・いろんな名目をつけて給料から控除してくる
・就業規則がなかったり、あってもみせてくれない
・社員を請負の形式にして労働法の適用を免れようとする（名ばかり自営）
・採用したばかりの社員をすぐに他の会社で派遣社員として働かす、など。

これらの行為は明らかな法律違反です。これらに該当する行為を多数、かつ常習的にやっている企業は、まさしく「ブラック企業」の名に値するでしょう。

また、明確な法律違反とは言えないかもしれませんが、次のようなことをしている企業もブラック的な要素があります。

・新人研修の名目で、無茶なことをやらせる
・社長の命令で仕事と無関係なことをやらせる
・社員のなかにスパイがいて他の社員の行動を監視をしている
・業務に必要な経費なのに社員に自腹を切らせている
・とてもこなし切れない量の仕事を、短い期限でこなすように求める
・厳しい販売ノルマを課して、さばけないときは社員に買わせる
・会社の利益のためならモラルも無視する
・人事が社長の気まぐれで恣意《しい》的に行われている
・十分な研修なしに、いきなり難しい仕事をやらせる
・経営陣の公私混同がまかりとおっている、など。

これらに該当する行為が数多くなされていれば、やはり「ブラック企業」か、その予備軍

であると言えるでしょう。

労働法のエンフォースメントの重要性

「ブラック企業」と呼ばれる企業のなかには、労働法の内容をまったく知らないところも多いようです。顧問弁護士もいなければ、社会保険労務士に相談してもいないというところもあります。労働法にあまり精通していないコンサルタントに頼ったために、経営の論理だけで、無茶な労務管理をしてしまっているような企業もあります。

あるいは、中途半端な労働法の知識しかもっていないがゆえに、違法なことが堂々とまかりとおっていることもあります。

たとえば、残業代（割増賃金）については、基本給のなかに組み入れているからそれでOKと思っている企業のことをよく耳にします。ところが、残業代込みの基本給という支払方法は違法です。残業代は、基本給とは区別して、残業の時間数に応じて別途に計算して支給する必要があります。そうしないと、労働者はごまかされて、実際に行った残業に対する手当を支払ってもらえないという事態が生じるからです。要するに、社員に残業をいくらさせても、給料の額は変わらないということは、法律的には許されないのです。

企業としては、残業代込みの基本給ということで労働者も同意しているわけだから、残業代はきちんと払っていると主張するかもしれません。しかし、それは法律的には間違っています。労働法によって労働者に守られている権利は、労働者がいくら同意をしていても、事前に放棄することはできないのです。

ところが、企業も労働者も、このことを知りません。したがって、残業代込みの基本給という取扱いがそのまま通用してしまうのです。こうしたことが起こらないようにするための対策は、企業と労働者の双方に、法律の知識をまずはきちんと学んでもらうことです。企業側だけでなく、労働者のほうも労働法を知らなければ、せっかく法律が権利を与えていても、宝の持ち腐れです。私が書いた『労働法学習帳（第3版）』（弘文堂）では、労働法の基本的な問題について穴埋め形式の設問を載せていますが、多くの人は、ほとんど解けないのではないでしょうか。

しかも、労働法の知識はあくまで出発点にすぎません。かりに法律の知識をもったとしても、企業のほうで、それを遵守しようとする姿勢がなければ意味をなしません。悪質な企業は、労働法を最初から無視しています。そういう企業こそ、真の意味でのブラック企業と呼ぶべきでしょう。こうしたブラック企業に対処するための最も効果的な方法は、政府のほうで法律をきちんと遵守させる体制を整えることです（これを「エンフォースメント」と言います）。

エンフォースメントのための手っ取り早い方法は、労働基準監督官を数多く採用することです。労働基準監督官は、いわば労働問題専門の警察のようなものです。労働基準法や労働安全衛生法といった労働法規は、違反したら刑罰も定められているので、これらの法規を守らない企業を摘発することができます。さらに、是正勧告などの行政指導をすることもあります。

民主党政権時代に、労働基準監督官の数が削減されたことがありました。国の財政負担を軽減するために、国家公務員の削減をするという主張は国民受けのよいものではありますが、「警察」を削減してしまうと「治安」は悪化します。本来の意味での治安関係の仕事（刑務官や海上保安官の仕事など）については削減されなかったようですが、労働基準監督官も、労働の現場の「治安」に関係する仕事（労働Ｇメン）として、同じように削減対象から除外すべきものでした。いや、それどころか、むしろ増やすべきものだったとも言えるのです。

ただ、労働基準監督官をどれだけ増員しても、すべての企業を監視できるわけではありません。そのため、ブラック企業の摘発は、労働者の手を借りて行うことも期待されています。

特に企業内のことは、そこで働く従業員にしかわからないことが多々あります。厚生労働省が、2013年9月をブラック企業対策の集中月間として、相談件数の多いところについて監督を強化するという方針を出したのも、このような理由からでしょう。そもそも、労働基準法は、法律違反をしている企業を従業員が告発することを権利として保障しています。告発者に対する企業からの報復も禁止しています。しかし、こうした規定が実効性のあるものとなるためには、労働者のほうが、自分にどのような権利が保障されているかを知っていなければなりません。法律を知らなければ、違法の告発もできないのです。

ブラック企業は、刑罰で撲滅できるか？

ただ、労働者がかりに次々と告発することがあっても、そしてまた、労働基準監督官を増やしたとしても、その効果には限界があるように思えます。それなら違反した企業に対する刑罰などのペナルティをもっと重くして、一罰百戒をめざしたほうがよいという意見が出てきても不思議ではありません。

しかし、刑罰で対処することも、それほど簡単なことではありません。たとえば、万引きを本気で撲滅しようとした場合、死刑という刑罰を定めれば、それは可能になるかもしれません。死刑の威嚇効果により、万引きをしようとする人はいなくなるでしょう。しかし、そんな定めを置くと、万引きという犯罪と刑罰との間で均衡がとれていないという批判がただちに噴出するでしょう。東南アジアで覚醒剤関連の犯罪で死刑となることに抵抗感を感じるのと同じようなものです。

これと似たようなことは、労働法規についてもあてはまります。労働法規違反で、たとえば無期懲役というようなことになると、それは重すぎるとの批判を受けるでしょう。

しかも、現在の労働法規違反に対する刑罰は決して軽いものではありません。たとえば、残業手当（割増賃金）を支払わなかった場合には、6カ月以下の懲役か、30万円以下の罰金となっています。刑罰が科されるのは、事業主だけでなく、「事業の労働者に関する事項について、事業主のために行為をするすべての者」であり、人事部長や総務部長あたりも刑罰の対象者となるのです。

実は、労働法規違反は、検察のほうでも、あまり起訴していないという実態があります。刑罰が比較的重いにもかかわらず、犯罪の内容が、殺人、強盗、放火といった典型的な犯罪と比べると、それほど非倫理的なものではないからかもしれません。こうなると、罰則をこれ以上引き上げると、ますます起訴しにくい状況が生まれる可能性があり、逆効果となるでしょう。

違法の連鎖?

労働法には、ライバル企業との間で公正な競争を行うために守るべきルールという意味もあります。たとえば、最低賃金法があることから、どの企業も、雇傭している労働者には最低賃金以上の給料を支払わなければなりません。企業は、そうしたルールのもとで競争しているのです。給料を安くすれば、商品やサービスの価格を下げることができ、競争上、有利になります。なぜなら消費者というのは、安いものを買おうとするからです。しかし、これは不正な競争です。労働法は、労働条件の最低基準を設定することによって、人件費を節約して競争上不当に有利になろうとすることに歯止めをかけているのです。

ただ、どこかの企業が、労働者を最低賃金以下で働かせ始めたとします。これは違法ですが、適切に是正されないかぎり、それをみたライバル企業は、自分のところも同じようにしようと追随するでしょう。そうしなければ、競争に負けてしまうからです。消費者の安いものを求める姿勢が、こうした引下げ競争に拍車をかけます。

サービス残業が全国に蔓延《まんえん》しているのも、似たような背景があります。どの企業でも大なり小なりサービス残業をやっているということが、サービス残業という犯罪に対する罪の意識を弱めると同時に、自分たちもやらなければ損で、競争上、不利となると考えるようになるのです。「赤信号みんなで渡れば怖くない」状態です。

違法なことをする企業が後を絶たない背景には、このような企業間の熾烈《しれつ》な競争状況があります。もちろん、違法行為をした企業は摘発されるべきであり、それを行うのが労働基準監督署なのですが、それに頼るにも限界があります。労働基準監督官の数を増やすとしても、厳しい予算制約があることに変わりはありません。それに、行政の限られた資源は、数ある労働法違反の事例のなかでも、生命や身体の安全に直結するものに集中したほうがよいとも言えます。

では、たとえば長時間のサービス残業は、行政が資源を集中すべき対象ではないのでしょうか。月に１００時間以上の残業をさせると、医師による面接指導を受けさせなければならないという制度があります。長時間労働がなされている場合は、過労による心身の健康障害の可能性が高くなるからです。その意味で、長時間の残業は、生命や身体の安全に関係していることは法律も承認していると言えます。ただ、そうであるとはいえ、サービス残業は、たとえそれが長時間のものであっても、危険な機械や有害物質の使用といった工場施設面での安全性とはやや質の異なるものであり、優先度は下がるのではないでしょうか。

労働基準監督官による摘発は重要なことですが、それによってブラック企業問題を解決しようとすることには限界があります。監督行政に、あまり期待しすぎないほうがいいのです。まずは、労働者のほうで自己防衛することを考えておくべきなのです。大切なのは、ブラック企業には近づかない、あるいは、近づいてしまったときには、できるだけ早く逃げるということです。

絵に描いた餅

ブラック企業で働くことの大きな問題点は、ここまでみてきたように、労働法がきちんと遵守されていないことです。本来、雇傭には労働法による保護があるはずなのに、それが「絵に描いた餅」になっているのです。

それに加えて問題なのは、たとえ労働契約上は、無期労働契約で雇われていて正社員のような形をとっていても、「真の意味での正社員」でないことが多いという点です。こうした正社員は、企業が長期的に抱え込み、幹部に育て上げていこうという正社員の重要な特徴が欠けている、つまり、企業による育成という特典がないのです。ブラック企業では、労働者が「使捨て」にされると言われるのは、こうしたことを表現しているのでしょう。

法律上、雇用保障があっても、企業のほうで長期的に抱え込む気がなければ、実際には長く働くことはできません。つまり、企業が労働者を大事に扱おうとしないとき、まさに雇傭という働き方のデメリットが浮かび上がるのです。中でも企業による育成という要素が欠けると、労働者はきわめて悲惨な状況に陥ってしまいます。

たとえば、労働者――特に、働き始めたばかりのような若い労働者――にとって辛《つら》い言葉の一つに、「早く仕事を覚えて、責任をもって仕事をするように」というものがあります。入社したばかりの労働者としても、早く仕事を覚えたい気持ちがあるのは当然です。しかし、企業のほうから教えてもらわなければ、現実には仕事を覚えていくことができません。育成は企業の責任のはずです。新規学卒者の場合には、なおさらそうです。

きちんと仕事を教えてもらっていなければ、責任をもって仕事をしようにもできません。仕事に時間がかかって残業になるのも仕方ないところです。そういうときに、「仕事ができないから時間がかかっているのに、残業手当をほしがるとは何事だ」などと言ってくる上司がいるのです。その挙げ句、「そんなに仕事ができない奴は要らないから、辞めてしまえ」という暴言が吐かれることもあります。酷《ひど》い話です。

時間がかかるような原因を作っているのは、企業の育成体制に問題があるからです。法律上は、残業になっているという事実がある以上、企業は残業手当を支払わなければなりません。労働者が仕事ができないから残業になったなどと言って、労働者に責任を転嫁するのは、もちろん、法律違反です。

とはいえ、どこまで労働者を育成するかということ自体は、企業の判断にまかせられています。法律には、企業には労働者を育成する義務があるとは書かれていません。だから、育成のことなど考えずに、どんどん労働者に仕事の責任を押しつけてくる企業が出てきても、それを法律的な観点から問題視することは容易ではありません。

情報開示の重要性

結局、ブラック企業に近づかないために重要なのは、ブラック企業についての情報を、できるだけ早く労働者のほうがつかむことです。現代はネット社会ですから、一般の労働者も何らかの情報を入手する手段はあるでしょう。もちろん、ネットの情報は発信源が不明なことも多いので、その信頼性や正確性には注意をする必要があります。

それだったら、手っ取り早く、政府がブラック企業の名を公表してしまえばいいではないかという意見もありそうですが、これにはやや問題があるように思います。確かに、現在の法律においても、たとえば男女雇用機会均等法に違反した企業は、都道府県労働局長から勧告を受けたにもかかわらず、その勧告に従わなかったときには、企業名の公表という制裁が定められています。

このように、法律でどのような場合に企業名を公表するかが明確に定められている場合もあるのですが、それと、単なるブラック企業名の公表とは区別して考えておく必要があります。そもそもブラック企業の定義というのははっきりしていません。したがって、あいまいな基準のまま、公権力が企業をブラックと認定することは危険なことでもあります。政府による営業妨害となりかねません。

確かに、ブラック企業の特徴は、ある程度までは、前記のように列挙することはできます。ただ、実際には、全面的に「ブラックな企業」であるところはむしろ少数で、ブラックな面とホワイトな面が混在しているところのほうが多いのです。そうした場合には、どの面でブラックかということが重要なのです。

たとえば勤務時間が長く、メンタル面で問題のある社員がかなりいるけれど、育成はしっかりしてくれて、やりがいのある仕事をどんどんさせてくれる企業があったとします。こうした企業は、ワーク・ライフ・バランスを重視している人にとってはブラックでしょうが、働きがいを強く求めている人にとっては、ブラックではないでしょう。後者のタイプの人は、むしろ、勤務時間が短く、法律はすべてきちんと守られているけれど、仕事がつまらない企業のほうに不満を感じるのです。

つまり、ブラックかどうかというのは、個人と企業との相性という面もあるのです。だからこそ、個々の企業がブラックかどうかを判定することよりも、働く側にとって企業を選ぶ際に参考になる情報ができるだけ開示されるようにすることが必要になります。そして、それをブラックと評価するかどうかは、個々人の判断にゆだねるほうがいいのです。

現在の法律でも、企業には、採用の際に、労働条件を明示する義務が課されているので、給料、労働時間、休暇、退職、退職金、懲戒などの基本的な労働条件についての情報は事前に開示されます。しかし、その企業が、社員の育成にどれだけ力を入れているか、キャリア形成にどれだけ配慮しているか、社員の平均勤続年数は何年か、うつ病の社員はどの程度いるか、社風はどのようなものかといった、ブラックかどうかの判断にとってより重要な情報は、法律の定める明示義務の中には含まれていません。政府が何らかの関与をするとすれば、こうしたブラックかどうかの判断に必要な情報の開示を企業に義務づけていくことではないかと思います。

自己決定の限界？

世間的にはブラック企業かもしれないが、自分にとってはブラック企業でないと判断して入社したとしても、やっぱりついていけなかったということもあるでしょう。たとえばそれは、やりがいのある仕事をさせてもらっているが、長時間労働が続いていて、結局、うつ病になって退職したというような場合です。

労働法を学んだ人なら誰でも知っている有名な裁判に、「電通事件」があります。入社2年目の労働者が長時間労働からうつ病にかかってしまい、最終的には自殺してしまった事件です。その後、遺族は企業の責任を追及するために訴訟を起こしました。この自殺した労働者は入社して早い時期から比較的重い仕事を与えられていて、本人はそれなりにやりがいを感じていたようです。

最高裁判所は、企業側は労働者の不調に気づいていたにもかかわらず、それまでの猛烈な働せ方を変えずに漫然と放置していた場合には、労働者の健康に配慮する義務の違反として、損害賠償責任を負うと明言しました。

この判決は、企業は、労働者に指揮命令をして働かせているなかで、労働者の健康障害の事実を把握している場合には、健康に配慮するための具体的な措置（業務の軽減など）をとるべきであったと述べているのです。

ただ、この判決は、企業が、労働者を長時間にわたって働かせることそのものを断罪したものではありません。企業には、労働者の健康に配慮をする義務があるとはいえ、自分の健康や命を守るための行動は、最終的には、労働者自身がとらざるをえないのです。

自分がこれから入社する企業が、長時間労働をさせるところかどうかというのは、入社前からある程度わかっていることが少なくありません。それをわかっていながら、そうした企業に入社した場合、自分の健康よりも、働きがいのほうを重視する自己決定をしたと言われるかもしれません。

もとより、違法な行為は許されるものではありません。労働法に違反している企業が制裁を受けるのは当然です。しかし、そうしたことも含めて、労働者のほうで十分にわかったうえで、あえて危険なほうを選択したとしたらどうでしょうか。それは本人の自己決定であり、したがってそこから生じる危険についても自己責任であるとするのか、それとも、そうした危険がある以上、そこに近づけないようにしてしまうべきなのかは、容易に答えの出ない問題です。

たとえばサーファーにとって、荒波の海に出ていくかどうかの選択は個人の自由にしてもらいたいでしょう。もし荒波の危険性を理由にサーフィンが禁止されてしまえば、余計なお節介だと思いたくなるでしょう。本人が荒波の危険性を十分に理解して、サーフボードをもって海に入っていくのならば、それを止める必要はありません。もちろん、その結果、命を落としたり、大きなケガをすることがあっても、誰にも文句は言えません。捜索にかかった費用は、遺族や本人が補償するのは当然です。自己決定が尊重される以上、自己責任も負うということです。

雇傭で働くのは、従属という危険な状況に乗り出すサーファーのようなものなのです。もちろん、サーフィンのような趣味のものと、働くこととは次元が違うと言う人もいるでしょう。ただ、本人の自己決定をどこまで尊重するかという点では、共通性があります。

これは、自由を失う自由はあるのか、という哲学的な問題とも関係しますが、その一方で、経済的な問題であるとも言えます。たとえば、とび職の仕事を例にあげて考えてみましょう。とび職とは、建設業で、高い所での作業を行う職人です。危険をともなう仕事ですが、社会において必要な仕事です。

こうした仕事は危険であるとして禁止してしまえば、社会にとって損失は大きくなります。したがって、ここで重要なのは、求人段階で、危険度を十分に知らせたうえで、とびの仕事に就くかどうかの選択を本人の自由に任せることです。おそらく本人は、給料などの労働条件を見るでしょう。とび職の場合には、通常は、日給でかなり高い給料が提示されています。自分が高所での作業にどれだけ向いているか、危険はあるにしても、それに見合うだけの給料が提示されているかを冷静に考えて、その仕事の求人に応募するかどうかを考えるでしょう。

こうした冷静な判断のうえでの納得ずくの自己決定であれば、たとえその決定が危険をともなうものであっても、尊重してよいのではないでしょうか。不幸にも事故などに遭ったとしても、それは自己責任と考えてもよいでしょう。また、そうすべきではないでしょうか(もちろん、労災保険の適用などの補償はあります)。

真のブラック企業対策とは?

要するに私が言いたいことは、「自己決定」と「自己責任」というのを、きちんと考えてみようということです。正社員として働くということは、「いつでも」「どこでも」「何でも」

するということであり、それは覚悟しているはずのことです。そうした働き方を選択したことによって自分に降りかかるかもしれない問題について事前に情報が与えられていて、そのうえで正社員になると決めたのであれば、その企業がたとえブラック企業と呼ばれるようなところであっても、仕方ありません。なぜならそれは、自分の選択ミスだからです。

違法な行為を常習的に繰り返す企業が、この世に「棲息《せいそく》」できないようにすることは必要です。労働基準監督官も、そうしたところにターゲットを絞って制裁を加えていくことはぜひやるべきです。ただ、先ほども述べたように、ブラック企業かどうかの判断には、個人差があります。ある労働者にとってブラックだからといって、その企業が「棲息」できないようにするのは、やり過ぎのこともありうるのです。労働者のなかには、そうした企業であっても働きたいと思う人がいるのであり、その選択は尊重すべきものです。

むしろ大事なことは、ブラック企業にいると思ったときに、いち早く脱出することです。そして、このことは、典型的なブラック企業にとどまらず、雇傭一般にあてはまることと言えます。雇傭には従属性というブラック的な要素が本来的に存在しているのです。ブラック的な要素の代償が不十分と思えてきたときには、いちはやく転職できるようにすることこそ、最大のブラック企業対策と言えるのです。

私たち法律家は、労働法が労働者の保護のためにかなりのことを定めているので、もしブラック企業で働いていて問題が起きた場合、たとえば都道府県労働局という厚生労働省の地方機関があるので、そこに相談に行ってみてくださいとよく言います。トラブルが実際に発生していれば、解決のあっせんもしてくれるので助かりますよ、と言ったりもします。

さらに、労働審判という迅速な紛争解決手続も2006年から用意されています。労働トラブルの解決の方法は多様化し、労働者にとって使いやすいものとなっていることも事実です。

また、労働者の権利の実現という点で一番大切なのは、訴訟を起こすことです。それにより、ブラック企業がどのような意味で問題があったかという点について、裁判所が白黒をつけてくれます。また、勝訴すれば損害分を取り戻すこともできます。しかし、だからといって、労働者たちに心配は要らないよ、とは言いにくいのです。

訴訟となれば、費用もかかり、時間もかかります。権利があっても、それを実現するのは、一般の労働者にとって簡単なことではありません。

最近では、コミュニティ・ユニオンと呼ばれる地域レベルの労働組合の活動が、個々の労働者のトラブルの相談に乗って、企業と交渉してくれるという例も増えています。ただ、企業と外部の労働組合との交渉は、しばしば難航して、こじれて長期化することもあります。

このように考えると、労働法による労働者の権利保障は、最後の砦《とりで》としては頼りにしてもよいのですが、一番よいのは、ブラック企業に近寄らないようにすることになります。また、ブラック企業に不幸にも近づいてしまったときには、できるだけ早く逃げるべきなのです。

ただ、逃げたくても逃げられないこともあります。企業が辞めさせてくれないところもあるのですが、それは実はそう大きな問題ではありません。正社員の辞職を制限することは完全に違法なので、出るところに出れば労働者は勝てます（非正社員の場合は、原則として、期間が満了するまでは辞職してはなりませんが）。

むしろ深刻なのは、ブラック企業であっても、そこを辞めてしまうと、他に転職の道がなくなってしまうという場合です。ブラック企業でも、働いているかぎりまだ給料がもらえるからましと考えてしまうと、逃げ出す気持ちが失せてしまいます。辞職による脱出が、法律的には自由でも、自らの置かれている経済的な状況から現実的にはできないということもあるのです。

ブラック企業に対する真の対策は、労働者がそこから逃げ出して転職できるような状況をいかにして作るかということです。そのためには、「転職力」をもち、それを高めることが必要となってきます。ここでいう転職には、第1章で述べたような、雇傭から脱出して自営となることも含まれます。

第4章

これからの労働法

労働法は飽和状態？

第3章では、ブラック企業のように、労働法を知らない、あるいは守らない企業のことを取り上げました。もちろん、世の中には、労働法を守っている、守ろうとしている企業もたくさんあります。そうした、「ホワイト」な企業で働けば、まして正社員であった場合、雇傭であっても幸福な仕事人生を送ることができると言えそうです。

「ホワイト」の世界で保障される労働法の内容は、第1章でも触れたように、かなり整備されていると言えます。たとえば、労働者にとって守られるべき最も大事なものは、生命や身体の安全性ですが、それについては、古くから法律で手厚く保障されてきました。

まず、労働安全衛生法という法律によって、労働災害の予防体制が確立されています。実際に労働災害が起きれば、充実した労災保険による補償が適用されます。さらに、労働契約法では、企業の労働者に対する義務として、安全配慮義務が定められており、この義務に違反すれば、企業は損害賠償責任を負います。

このほか、労働基準法では、健康の確保のために労働時間の上限を1日で8時間、1週で40時間と定め、それを超える労働（これを「時間外労働」と言います）をさせる場合には、三六協定（企業と労働者の過半数を代表する者との間で結ばれる協定）の締結と労働基準監督署への届出などの規制を課しています。

生命や身体の安全・健康以外に、給料の保障も重要です。これについては、最低賃金法により給料の時給額の最低限が設定されています。労働基準法は、賃金は全額、労働者に支払わなければならないとしています。税金や社会保険料など法律で定められているものを除くと、原則として企業は、給料から勝手に控除をしてはならないのです。

労働者を辞めさせないために、仕事に縛り付けるようなことも許されません。労働基準法は、暴行や脅迫によって労働者に労働を強《し》いることを禁止しています。また、労働者にあらかじめお金を貸し付けて、給料で返済させること、あるいは退職したら違約金を払うという約束をさせることも禁止されています。

労働基準法は、国籍、信条、社会的身分による差別も禁止しています。労働組合法は、労働組合の組合員に対する差別も禁止しています。

これらが、いわば古典的な労働法であるのに対して、社会の新たなニーズに応えるための法律も次々と作られてきています。たとえば、女性の社会進出を図るための男女雇用機会均等法（1985年制定）、高年齢者の雇用を確保するための高年齢者雇用安定法（1986年に現行法に改正）、社会の少子化や高齢社会に対応するための育児・介護休業法（1991年制定)、企業の不正行為を告発した労働者を保護するための公益通報者保護法（２００４年制定）などです。

このほかにも、本書のなかですでに出てきたパート労働法や、最近、改正された障害者雇用促進法、後述する労働者派遣法などもあります。

ここからわかるように、労働法はそのほとんどの領域において網羅的に法的ルールを設けて労働者を保護しているのです。したがって、法律が守られている「ホワイト企業」であれば、雇傭であっても、それほど悲惨なことにはならないように思えます。

現在の労働法で、規制されずに放置されているものを挙げるとすれば、職場の受動喫煙の禁止、パワーハラスメントの防止といったところでしょう。もちろん、人によっては、まだまだ法が介入して労働者を保護すべき領域が残っていると言うかもしれませんが、私は、労働者に権利を与え、企業に義務を課して規制していくという伝統的な労働法の手法を使うべき領域はあまり残っていないと考えています。

労働法は時代とともに変わる

ただ、近年の一連の法律は、伝統的な労働法とは違い、すべての労働者に保障される基本権を定めるものではありません。むしろ、社会の新たなニーズに応じて作られた法律です。したがって、社会のニーズが変われば、法律も以前と同じままで存在し続けることはできなくなります。

その代表例が男女雇用機会均等法です。1985年に制定されたときは、女性差別を禁止するなど、女性の保護を目的とした法律でした。しかし、その後の女性の社会進出にともない、2006年の法改正で、男女に関係なく性差別を禁止する法律に生まれ変わっています。これなどは、社会情勢の変化にともなって法律の趣旨も変わってしまった例です。

このほかに、社会情勢だけでなく政治的な思惑などもからんで、評価が乱高下し、法改正が頻繁に行われてきた法律の例に、労働者派遣法があります。

労働者派遣は、ある企業が自ら雇備する労働者を、他の企業で働かせるという雇用形態です。こうした労働者派遣は、1985年に法律が制定されるまでは、戦後すぐに制定された職業安定法という法律において、「労働者供給」として禁止されていました。「労働者供給」の典型的なイメージは、ボスのような人がいて、「ちょっと若い衆を5人ばかり調達してよ」という依頼者のリクエストに応じて、配下の者を労働力として送り込むというものです。

ここには労働力がボスに管理され、モノのように貸し借りがされている状況があります。

これはまさに奴隷に近い、あるいは奴隷そのものでした。しかし、これは人権侵害であるとされ、この時代錯誤的な労働者供給は禁止されることになったのです。例外は、労働大臣（現在は厚生労働大臣）の許可を受けて、労働組合が行う無料の労働者供給だけでした。すなわち、営利目的での労働者供給は完全に禁止されていたのです。

ここが、同じ職業安定法で規制されている職業紹介との違いです。職業紹介は、労働契約の成立をあっせんするものです。これだって人身売買の仲介のような機能があり、大幅に規制されていましたが、一定の業種については、労働大臣（現在は厚生労働大臣）の許可があれば営利目的のものも許されていました。それ以外は、公共職業安定所（ハローワーク）を中心に無料の職業紹介が行われてきました。

ところが、労働者供給の禁止は、徐々に現実に合わなくなります。ビジネスの現場において、人材派遣サービスというものが必要とされてきたからです。企業にとって人材を探すのは、それが優秀な人材、あるいは特別な技能を要する人材になればなるほど、たいへんな労力をともなうものになります。いつでも代わりが見つかるような仕事ならともかく、一定の専門性が必要となる仕事については、それに適した人材がどこにいるかの情報をもっていないことが多いのです。

働く側も、自分の専門性を活《い》かせる職場がどこにあるかといった情報をもっていないことがよくあります。こうした現実を考えると、両者を結びつける仲介者がいれば、労働力のマッチングは実現しやすくなるでしょう。こういうニーズに応えるビジネスが、人材派遣サービスです。

人材派遣サービスというのは、法律上は禁止されている、前述した「労働者の供給」に該当するものでした。政府はここで決断を迫られます。人材派遣サービスを違法なものとして禁圧するか、それとも法律のほうを変えて合法化するか、です。政府は後者を選択して、労働者派遣法を制定したのです。

労働者派遣法の制定当初は、派遣対象にしてよい業務が限定されるなど、厳しい規制がありました。その後、規制は徐々に緩和されていきます。そして1999年の改正では、派遣対象業務に対する制限は基本的に撤廃されました。このとき、職業安定法における有料職業紹介の規制も同時に緩和されています。

さらに2003年の改正では、工場などの製造業での派遣も解禁されました（2004年3月施行）。派遣は、当初は一定の専門的な仕事について、自社の社員ではこなすことができないようなものをさせるために、人材派遣会社から人を送り込んでもらうというイメージだったのですが、工場での単純労働の派遣も認められることにより、一般的な労働力の調達手段という性格を強くもつようになります。

しかし、製造業での派遣で働くときの労働条件は恵まれているとは言えず、不況が来ればすぐに仕事がなくなり、雇用も不安定です。それに追い打ちをかけるように、秋葉原で無差別殺人を犯した犯人が派遣労働者だったと連日のように報道されたことから、派遣のイメージは非常に悪いものとなりました。そして派遣は、まさに「雇傭」のもつ従属状況を典型的に示す働き方とみられるようになりました。

そこで、２００９年に誕生した民主党政権は、政権最後の２０１２年に、労働者派遣法を改正して、これまでの規制緩和の方向を大きく修正しました。当初は、製造業派遣、登録型派遣、日雇い派遣のすべてを禁止しようとする案が出されていましたが、結局、日雇い派遣の原則禁止を定めるだけに終わりました。ただ、その他の点では、派遣労働者の保護のための規制が大幅に加えられました。

ところが、２０１２年に誕生した自民党の第２次安倍晋三政権では、民主党時代の規制強化に反発する新たな法改正をめざしています。ひょっとしたら、労働者派遣は、数年後には、いまとはかなり違った内容となっている可能性もあります。

労働者派遣法はかなり極端な例ですが、労働法は、時代の流れのなかで、その内容が大きく変わっていく可能性のあるものなのです。

労働法の歴史は古いものではない

そもそも、労働法が誕生したのはそれほど古いことではありません。もちろん、人が働くということは、はるか昔からあります。奴隷労働に限ってみても、古代ローマ、古代エジプト、古代ギリシャから、近代のアメリカ大陸でのアフリカ人奴隷など、洋の東西を問わずにありました。

しかし、法律によって労働者を保護しようとする労働法が誕生したのは、雇用で働く工場労働者たちの劣悪な労働条件が社会問題化した産業革命期からです。イギリスで18世紀の終わりから19世紀にかけて起こった産業革命は、工場での機械生産をするために大量の労働力を必要としました。その多くは、十分な技能などをもたない非熟練工で、当然のことながら、労働条件も悪いものでした。この産業革命は他の国にも徐々に広がり、それにともない、同じような労働問題がどこにでも起きるようになります。

労働者たちは団結し、経営者たちに労働条件の改善要求をつきつけるために交渉を申し込んだり、ストライキをしたりしました。こうした団結行動やストライキは、当時の法律に違反するものであり、そのため弾圧の対象とされました。中でも有名なのは、フランス革命直後の時期に制定された、ル・シャプリエ法です。

しかし、政府は次第に労働組合の存在を無視できなくなります。いつまでも弾圧してばかりいると労働者が強く反発し、社会不安や治安問題を招くおそれがあったからです。こうして、労働組合の結成や活動が法的に認められるようになります。これが憲法という最高法規で保障を受けるようになるのは、ドイツのワイマール憲法のときで、1919年のことです。日本も、第2次世界大戦前は労働組合運動が弾圧されていましたが、戦後の1947年に施行された日本国憲法で、団結権や団体行動権が保障されることになりました。

労働法は、労働組合の法的地位を承認する以外に、法律によって、直接的に労働者を保護することもしてきました。その嚆矢《こうし》となったのが、1802年のイギリスの「徒弟の健康と道徳に関する法律」です。日本における最初の労働者保護のための法律である工場法が制定されたのは1911年で、その施行は、5年後の1916年です。戦後の1947年に制定された労働基準法は、工場法を受け継ぎ、これを工場労働者以外の労働者一般にも拡張していったものです。

日本だけでみれば、労働法というのは結局、憲法と労働基準法が制定されてから、まだ70年くらいの歴史しかありません。工場法の時代から数えても、まだ100年くらいしか経っていないのです。

ちなみに、日本において、今日、労働法の中核的な法律となっている解雇を制限する法律は、もっと歴史が浅いものです。日本では、解雇を制限する規定が法律ではっきり定められたのは2003年です。それまでは解雇権濫用《らんよう》法理という判例上のルールでしたが、それが確立されたのも1975年です。

欧州でも、本格的な解雇制限立法がなされたのは、ドイツが1951年、イタリアが1966年、フランスが1973年というように、それほど長い歴史があるわけではありません。アメリカでは、いまでも解雇は自由であることが原則です。

このように、労働法はそれほど古い歴史があるものではなく、また、国によってもかなり異なっているのです。それに労働法は、これまで拡充一辺倒の方向で変わってきましたが、近年はそれを見直し、過重な規制は弱めようとする規制緩和論も出てきています。この背景には、アメリカのように規制の少ない国の労働法モデルが、経済のグローバル化により、他の国にも規制緩和の圧力をかけているという状況があります。

解雇ルールの見直し論

日本でも、主として経済学者を中心に労働法の規制緩和が主張されることがありました。中でも争点となってきたのが、解雇をめぐるものです。

2012年末に誕生した第2次安倍政権になってからも、解雇ルールの見直しの議論が再燃しています。民主党政権の間は見直し論はありませんでしたが、それ以前の2003年に労働基準法が改正されたとき、さらには2007年に労働契約法が制定されたとき、すでに解雇ルールの見直しはかなり真剣に検討されていました。

第2章でもみたように、非正社員の保護の強化をしていくと、正社員の雇用保障を危うくする可能性があります。しかし、こうした事情がなくても、そもそも従来の雇用保障のルールが厳しすぎるのではないかという議論は、ずっと存在していました。

労働契約法という法律で定められている日本の解雇ルールのポイントは、客観的に合理的な理由がなく、社会通念上相当でない場合には、権利濫用として無効となるというものです。また、企業の経営悪化のなかで、人員整理のために行う解雇（整理解雇）の場合には、第2章でもみたように、整理解雇の四要素といわれる判断基準に照らして、有効性の判断がなされます。

こうしたルールの下で解雇を正面から行うことは、かなり難しいものとされてきました。たとえば能力が不足しているから解雇というのは、一般の正社員ではまず認められてきませんでした。なぜなら、正社員の育成は基本的には企業の責任とされてきたので、能力不足の原因は企業側にあると言うことができたからです。

懲戒解雇がなされる例は、新聞などの報道でときどき目にしますが、通常それは、犯罪行為を犯したり、企業から金品を横領したりというような、きわめて悪質な非違行為をした場合に限られます。

整理解雇については、前述の四要素が挙げられていますが、そもそも企業の経営悪化は労働者の責任ではありません。したがって、整理解雇は厳しく制限しなければならないとされています。特に解雇回避努力は、かなり企業にとって重い負担となっており、解雇をすることは、実際上はきわめて困難でした。

そのため、企業は、人員整理（リストラ）をする場合は、労働者に対して希望退職を募集し、同時に割増退職金を提示してきました。これによって解雇ではなく、労働者の同意を得て円満退職するという方法をできるだけとろうとしてきたのです。

そもそも正社員として採用するということは、長期雇用を保障することを意味しています。

労働者側からすると、正社員で採用されれば、定年までの雇用保障を強く期待します。こうした期待は労働者の一方的な思込みによって発生しているのではなく、いわば終身雇用という社会的な制度・慣行として存在しているものです。そのため、長期雇用は法律上も保護すべきものとされてきたのです。

終身雇用が一般に広がっているなかで、労働者は解雇されると、際立った「転職力」をもっている場合は別ですが、普通は他の企業に中途入社するのは容易ではありません。日本では、転職市場がそれほど整備されていないからです。日本政府は、これまで雇用を維持する方向の政策を展開してきたので、転職を促進するという雇用流動化政策を十分にとってきませんでした。このことは、リストラを避けて雇用を維持する措置をとった企業に対して政府が助成金を支払う「雇用調整助成金」という制度の存在に象徴されています。

転職市場が未整備な状況のなかでは、労働者の解雇にともなう不利益はきわめて大きくなるので、その点からも解雇を制限するルールを設けざるをえなかったのです。

しかし、日本の今後の経済成長を考えていくと、衰退産業から成長産業に労働力が移動していくような政策を進めていくことが必要となります。政府が、こうした雇用流動化政策を進めていくと、転職市場の未整備による労働者の不利益という、解雇を規制する主たる理由の主たるものがなくなります。そうなると、解雇規制を緩和する議論がしやすい状況が生まれることになるでしょう。

解雇の金銭解決

ただ、解雇ルールをいますぐに変えて、解雇をしやすくするというシナリオは簡単には実現しないでしょう。正社員や、それを組織する労働組合は大いに反対するでしょうし、解雇が増えるという漠然とした不安が人々を襲い、非正社員も含めた多くの労働者の反対を招くのは必至です。

現実には、企業も解雇を好き好んでやるわけではありません。実際に解雇されるのは、企業にとって戦力にならないと考えられている労働者だけです。これは別の言い方をすれば、能力のある非正社員にとってはチャンス到来ということです。しかし、解雇という言葉のもつ強いインパクトが、そうした冷静な判断を難しくしてしまうのです。

そもそも解雇を自由にせよという主張は、かつては耳にしたことがありましたが、いまはほとんど聞かれません。今日有力に唱《とな》えられているのは、解雇の金銭解決の導入です。では、解雇の金銭解決とは、どういうものなのでしょうか。日本では、解雇が権利濫用だと判断されれば、解雇は無効になるというルールがあることは、前述した通りです。解雇が無効になるということは、労働契約は解消されず、労働者は元の職場に戻れるということを意味します。これを「原職復帰」と言います。

しかし、実際には、いくら裁判所によって解雇が無効と判定されても、勝訴した労働者が、いったんは自分を解雇した企業に復職するのは容易なことではありません。企業としても、いったん解雇した労働者は使いづらく、労働者側も職場にいづらいのです。そのため、企業から一定の補償金をもらって退職していくというのが一般的になっているのです。

解雇紛争の平和的な解決をめざす行政の場でも、金銭解決が進められることが多く、労働審判という、訴訟手続とは別の新たな紛争解決制度でも、解雇紛争においては、不当な解雇をした企業に一定の金銭を支払えという審判が下されるケースが目立ちます。

こうした実態をふまえて、不当な解雇だと判断できる場合であっても、現在の法律のルールを変え、裁判所は労働契約の解消を命じ、それと同時に企業に一定の補償金を支払うよう命じるという方法を導入すべきという議論が有力に主張されているのです。これが解雇の金銭解決です。要するに、解雇の金銭解決は、不当な解雇をした企業に対して、解雇を無効として労働者を原職復帰させるのではなく、金銭の支払いにとどめるというものです。これによって、最終的には労働契約は解消します。その意味では、一種の規制緩和を意味します。

これは解雇の後の金銭支払いなので、「事後型の金銭解決」と呼ばれますが、これとは違うタイプの金銭解決もあります。それは経済界からときどき主張されるもので、解雇が正当かどうかに関係なく、企業が一定の補償金を支払ったら解雇を有効とするというものです。希望退職の募集の場合には、退職金の割増が提示され労働者がそれを受け入れて退職していくのですが、こうした実際の退職プロセスを法律で制度化しようとする主張です。これは解雇の前に金銭を支払って雇用を解消するという意味で、「事前型の金銭解決」と呼ばれます。

金銭解決を導入する法改正が実際に実現するかどうかは、今後の展開を見ていく必要があります。金銭解決となると、事前型はもちろん、裁判所が介入する事後型であっても、企業が解雇を簡単にし始めるのではないかという懸念を示す人もいます。しかし、少なくとも事後型の金銭解決は欧州では一般的であり、日本の労働法学者のなかでも支持者は少なくありません。したがって、法改正によって金銭解決が導入される可能性は決して小さくないと思います。

もし事後型の金銭解決が導入されると、不当な解雇をしてはならないというルールは残るものの、企業がそれに違反したときの帰結は、原職復帰ではなくなります。つまり、雇用は保障されないことになります。補償金はもらえるものの、再就職先を探す必要があるため、終身雇用は消滅することになります。こうした時代が近い将来、到来するかもしれないのです。

限定正社員は、雇用保障も限定

解雇ルールの見直しは、最近よく耳にする「限定正社員」とも関係しています。限定正社員とは、無期雇用の正社員ではあるものの、職種、勤務地などが限定されている労働者のことです。正社員と非正社員との間の中間的なカテゴリーを作り、多様な働き方の受け皿にしようというのが、最近の限定正社員論のねらいです。

限定正社員と呼ばれるような人は、実はこれまでにもいました。高度に専門的な仕事に就いている労働者は、職種限定の正社員です。転勤のない一般職コースで採用された労働者は、勤務地限定の正社員です。

通常の正社員であれば、その労働者が従事している職種がなくなったり、勤務地の範囲で事業所がなくなったりしても、企業は、配転をすることによって雇用を維持する必要があります。解雇回避努力をしなければならないというのが、解雇におけるルールだからです。

ところが限定正社員であれば、そもそも職種や勤務地が限定されているので、限定されている範囲内であれば、企業は解雇回避の努力をしなければなりませんが、その範囲を超えてまで解雇の回避の努力をする必要はありません。

たとえば、実家からの通勤に便利なので、勤務地を東京の新宿区、豊島区、練馬区の範囲内に限定して採用された労働者は、新宿区の事業所がなくなっても、豊島区や練馬区に事業所があれば、企業はその事業所への配転の可能性を模索して、配転が不可能であった場合でなければ、解雇はできません。

しかし、新宿区、豊島区、練馬区の事業所をすべて閉鎖して、たとえば名古屋に事業所を移転させるという場合であれば、その社員は基本的には解雇されてしまいます。つまり、この社員は、新宿区、豊島区、練馬区以外には転勤させられることはない反面、企業の配転権が及ぶ範囲がその3区に限定される以上、企業の解雇回避を図る範囲もその3区に限定されるのです。

このように、限定正社員は職種や勤務地などが限定されますが、それは同時に、自己の雇用保障の範囲も限定されることを意味します。

いずれにせよ、正社員だから雇用が安定するということは、解雇ルール本体が変わって金銭解決が導入されたり、企業が限定正社員のようなものを増やしていくと、あてはまらなくなります。そうなると、ここでも「転職力」をいかにして身につけるかが重要となってくるのです。

ホワイトカラーの残業代がなくなる

雇用の安定とは話がやや異なりますが、第2次安倍政権においては、もう一つ労働時間において、規制緩和の動きがあることも注目されます。２０１３年8月14日の日本経済新聞の記事によると、政府は、「プロフェッショナル労働制」（仮称）というものを導入し、大企業の課長級の平均である年収８００万円超の社員で、勤務時間を自分の判断で決められる中堅以上の社員に対しては、労働時間の規制をはずそうとする構想をもっているようです。

これは日本型の「ホワイトカラー・エグゼンプション」と言えるものでしょう。「ホワイトカラー・エグゼンプション」という英語がそのまま使われていることからもわかるように、これはアメリカにおいて存在している制度です。アメリカでは、１週40時間を超える労働をさせた場合に、企業は50パーセント以上の割増賃金を支払わなければならないのですが、一定のホワイトカラーには、この規定が適用除外されているのです。

「エグゼンプション」とは、この「適用除外」を意味しています。「ホワイト」は、「ブラック企業」や「ホワイト企業」という意味でのホワイトではありません。「ホワイトカラー」は「白い襟」のことで、事務系・管理系の人の着る典型的なシャツの襟の色を指しています。これに対して工場労働者は、「ブルーカラー」と呼ばれます。

実は、2007年頃にも、当時の第1次安倍政権は、日本型の「ホワイトカラー・エグゼンプション」の導入をめざそうとしたことがありました。「自己管理型労働制」というものです。しかし、この制度は残業代をゼロにする試みであると批判され、最終的には実現に至りませんでした。

安倍政権にとってホワイトカラー・エグゼンプションとは、過去に手痛い蹉跌《さてつ》となった苦い記憶のあるもので、捲土重来《けんどちょうらい》を期しているのかもしれません。最近の言い方によると、リベンジです。

「自己管理型労働制」でめざされたのは、管理職の一歩手前の労働者に対して、労働時間に関連する規定を適用除外とするという試みです。

では、労働時間に関連する規定と、残業代はどのように関係しているのでしょうか。日本における労働時間規制は前述したように、1日で8時間、1週で40時間を労働時間の上限とするものです。それを超えて働かせる時間外労働は禁止されていますが、三六協定の締結・届出があれば例外的に時間外労働をさせることができます。

ただ、そのときには、2割5分以上の割増賃金（残業代）を支払わなければなりません。割増賃金は、1日8時間、1週40時間という労働時間の規制を前提とするものです。この規制がなくなれば、割増賃金の支払い義務もなくなります。つまり、ホワイトカラー・エグゼンプションが導入されて労働時間に関連する規定が適用されなくなると、割増賃金という制度はなくなるのです。

なぜ、ホワイトカラー・エグゼンプション導入論が出てくるのか？

労働時間規制があるのは、労働時間が長くなることによって健康が害されるのを防止するという狙いがあります。長時間労働をさせた企業に対して重いコストを負担させることで、長時間労働が生じないようにしているのです。こうした労働時間規制は国によって多少の違いはあるものの、どこでも存在しているものです。

ただ、問題は、こうした労働時間規制を、すべての労働者にあてはめるのが適切なのかということです。工場労働者のように、上司からの直接の指揮命令を受けて働いている場合には、労働時間を制限することによって労働者の健康確保を図ることもできるでしょう。

しかし、オフィスで働いているホワイトカラーのなかには、自分の判断で仕事を進めている人もいます。しかも、そうした人は、往々にして、給料において成果給的な要素が入っており、労働時間を抑制する規制がかえって迷惑になることもあります。

たとえば、新しい企画を立てることが仕事となっている社員であれば、その仕事に集中しているときに、１日の労働時間の上限が来たので帰社してくださいと言われれば困るでしょう。特に企画の成功が本人の給料に影響しているとなると、労働時間に関係なく働かせてほしいというのは、労働者からの真剣な要望となります。

そもそも、こうした働き方の労働者が、１日の労働時間が８時間を超えたからといって、成果に関係なく、時間外労働の時間数に応じて割増賃金が増えていくというのは、給与体系的にみてもおかしい感じがします。

ホワイトカラー・エグゼンプション導入論が出てくるのは、こうした働き方をする労働者に見合う新たな労働時間制度の提示という背景があります。

「専門業務型」と「企画業務型」の裁量労働制

実は、こうした働き方の人に対して、現在の法律でも、労働時間の規制の例外的な取扱いが認められています。それが、裁量労働制です。裁量労働制には、「専門業務型」と「企画業務型」というものがあります。どちらも、労使によって裁量労働制の適用を受ける労働者の労働時間の長さを決めてしまうことができます。実際に何時間働いたかに関係なく、労働時間があらかじめ決まっているのです。

私の働く神戸大学を例に挙げましょう。神戸大学では教員に対して、専門業務型の裁量労働制を適用しています。この制度の導入のためには、企業と労働者の代表との間で協定を結ぶ必要があるのですが、神戸大学では、その協定において、労働時間は８時間と決められています。そのため、私は何時間大学のために働いたとしても、時間外労働は発生しません。もちろん、割増賃金はもらえません。これは一種のホワイトカラー・エグゼンプションと言えます。

専門業務型裁量労働制は、大学教員のほか、弁護士、公認会計士、システムエンジニア、ディレクターなども、適用対象とすることが可能とされています。

裁量労働制には、もう一つ企画業務型裁量労働制というものもあります。企画・立案・調査・分析の業務に従事する労働者を対象として、労使で構成される労使委員会の5分の4以上の多数の決議で、やはり労働時間を決めてしまうことができます。ただ、この手続はかなり厳格で、実際上、企画業務型裁量労働制は、ほとんど普及していません。

さらに、「管理監督者」について、労働時間に関連する規定の適用を除外するという制度もあります。これも一種のホワイトカラー・エグゼンプションです。ブラック企業では、採用したばかりの若者をすぐに管理職として、残業代をつかなくさせるような例があるようですが、これはこの制度の濫用です。ちなみにこれは、「名ばかり管理職」と呼ばれる問題です。

もちろん、「名ばかり管理職」は違法です。「管理監督者」とは、経営者との一体性があるなど、かなり高い地位にあり、労働時間の拘束を受けないで仕事をする人で、かつ、その地位に値するだけの給料をもらっている労働者を指します。裁判で争われたケースでは、ほとんど「管理監督者」とは認められていません。たとえば少し前の裁判で、日本マクドナルドの店長が「管理監督者」扱いされていたことが問題となったケースがありましたが、企業側が負けました。

このように、現在の法律上の裁量労働制は、専門業務型については、適用範囲が限定され、企画業務型については、導入要件が厳格すぎるという問題があります。また、管理監督者は法律上の定義はありませんが、裁判所の解釈はきわめて限定的で、その適用範囲はやはり狭いものです。

自立的な働き方にふさわしい労働時間制度

こうしたなかで、労働時間に関する法制度を抜本的に見直し、労働時間に関する規定の適用を除外する制度を整備しようというのが、ホワイトカラー・エグゼンプション導入論なのです。

現実の雇用社会では、ブラック企業に触れた際にも述べたように、「サービス残業」という違法な時間外労働が蔓延しており、ホワイトカラー・エグゼンプションは、これを合法化するものではないかとの指摘もあります。実際には、裁量労働制の要件を満たしていないにもかかわらず、裁量労働制と称して、いわばホワイトカラー・エグゼンプションを勝手に先取りしている企業もあると聞きます。もちろん、ホワイトカラー・エグゼンプションが導入されていない現段階では、これを先取りする行為は違法です。

ホワイトカラー・エグゼンプションが、そのような違法なものを追認するものであってはならないのは当然のことです。むしろ、ホワイトカラー・エグゼンプションは、真の意味で自由に仕事をして、そこで作り出した成果に応じて処遇を受けるという人にのみ適用されるべきものです。つまり、ホワイトカラー・エグゼンプションは、多くの残業をしたから給料が高くなるのではなく、良い仕事をしたから給料が高くなるという人に対する、新たな労働時間制度だということです。

雇傭という働き方だけをみていると、労働者は従属状況にあるので、従属状況にある時間は短いほうがよく、一定の時間を超えれば割増賃金が支払われるのは当然のことです。ここだけみると、ホワイトカラー・エグゼンプションは、悪《あ》しき規制緩和の代表例のようにもみえます。

しかし、雇傭であっても、そこに自分なりの仕事をするという自立性（自営的要素）があると、現在の労働時間制度は余計なものとなってきて、むしろホワイトカラー・エグゼンプションは的を射た制度となるのです。

ホワイトカラー・エグゼンプションが、実際に導入されるのか、そして導入されたとしても、どのような要件で、どの範囲の労働者が適用範囲となるのかは、今後の議論の展開を見守る必要があります。

ただ、こうしたホワイトカラー・エグゼンプション導入論は、前述した解雇ルールの見直し論もあわせて考えると、ホワイト企業であったとしても、法律による、手厚い雇用保障や給料保障という保護が薄れてくることを意味しています。すなわち、雇傭であることのメリットが小さくなり、新しい働き方が必要となるということです。

のみならず、ホワイトカラー・エグゼンプションが適用されるにふさわしい自立性（自営的要素）のある労働者こそが、これからの雇用社会において求められるということも示唆しています。

「雇傭」における「自立」というのは矛盾しているような気がしますが、それは、従来の日本の正社員の働き方を前提としているからです。日本以外に目を向ければ、そこにはまた別の「雇傭」の世界があります。本書では、さまざまな点で日本と違うようで似ているところもある、イタリアという国に注目してみることにしましょう。

第5章

イタリア的な働き方の本質

享楽的な経済大国

イタリアは、食べて（mangiare）、歌って（cantare）、恋をして（amare）、という享楽的なイメージのある国です。これは単なるイメージだけでなく、現実にも合致しているところがあります。イタリア料理（正確には、そういうものはなく、各郷土料理の集積なのですが）は、日本人にもたいへんな人気があります。カンツォーネも、「オーソーレミーオ」「帰れソレントへ」など、名曲が数多く日本でも紹介されています。ついでに言うと、すばらしいオペラも私たちを魅了します。ヴェルディやプッチーニの巨匠の名は多くの人が知っているでしょう。三つ目の恋（amore）は、言うまでもなく、イタリア人男性の代名詞です。このように語られることの多いイタリアは、国民が勤勉に汗を流して働くというイメージからは、かなり遠いものです。

かつてマックス・ウェーバーが、資本主義の発展とプロテスタントとの密接な関係を述べたことから（『プロテスタンティズムの倫理と資本主義の精神』）、カトリック中心の南欧の国々は経済発展から取り残されがちな国だというイメージが植え付けられました。イタリアはその代表でした。ローマ帝国時代の繁栄があり、それが崩壊した後も、ヴェネツィアやジェノヴァといった中世の世界の経済をリードした過去の栄光のある都市国家をかかえるイタリアですが、中世が終わると主役の座をアルプスより北の国に譲ってしまった感があります。
ただ、日本と同様、第2次世界大戦の敗戦国だったイタリアは、「イタリアの奇跡」と呼ばれる1960年前後の経済成長を経て、世界の経済大国の一員に返り咲きました。このあたりの過程は、高度経済成長により一気に世界のナンバー2に駆け上がった日本とよく似たところがあります。

日本人のもつ今日のイタリアに対する印象は、観光やファッションでは有名でも、全体の経済力としてはそれほどではない、というところではないでしょうか。というより、イタリアは日本よりも経済ではかなり下だと思って、やや見下している日本人も多いのではないでしょうか。

確かに、イタリアのGDPの国際ランキングは日本よりも下で、その順位も徐々に低下傾向にあります。とはいえ、世界全体でみると、イタリアは依然として有数の経済大国なのです。その証拠に、1975年以来、G7と呼ばれる先進7カ国の一員でもあります。EUでは、ドイツ、フランス、イギリスに次ぐ4番目の経済規模をもちます。一時期は、イギリスを上回ってもいました。2011年秋のイタリアの経済危機で欧州に激震が走ったのは、イタリアの経済規模が大きすぎて、破綻《はたん》すれば、その波及効果が大きすぎるからでもありました。昨今騒がれているギリシャなどとは経済規模が違いすぎるのです。

ただ、イタリアの評価をするうえでは、こうした数字上の情報だけでは不十分です。実際にイタリアに行くと、経済指標などの数字以上の豊かさを実感することができます。ある面では、日本よりも豊かな社会がここに実現しているとも言えるのです。とすると、ここで一つの疑問が湧いてきます。それは、イタリア経済を支えているのは一体誰なのか、です。この享楽の国で、いったい誰が、どのように働いて国の経済を支えているのでしょうか。

根本的に違う働き方

「アブセンティズム」という言葉があります（イタリア語では、「アッセンテイズモ」と言います）。これは、サボって仕事に出てこない傾向があることを意味します。平たく言うと、常習的な欠勤のことです。病気休暇制度が普及しているイタリアでは、この休暇制度を濫用的に取得するという問題が、かなり前から指摘されてきました。「病気じゃなくても、病気ってことにして休んじゃえ」ということです。ひどい場合には、その間に副業をしてしまう人もいます。こうしたことはイタリアだけでみられる現象ではないのですが、仕事への動機付けが小さい場合には、こういうことが起こりがちと言われています。イタリアの企業も、アブセンティズムにはだいぶ前から頭を悩ましてきました。

実際、日本人がイタリアに行ったときに商業施設でしばしば目にするのは、仕事に対するやる気がみられず、客へのサービスに消極的なイタリア人です。たとえば、ミラノのドゥオーモ（大聖堂）の近くにイタリアを代表する百貨店がありますが、そうしたところでも、笑顔の一つもなく、淡々と仕事をこなすだけの無愛想な店員がほとんどです。そして、レジで商品を引き渡すと、すぐに同僚とペチャクチャと世間話を始めます（もちろん、みんながそうだというわけではありませんが）。日本の百貨店とは大違いです。

こうした光景を目にすると、イタリア人にとって職場は、オフィシャルな空間なのか、それともプライベートな空間なのかわからなくなります。でも、彼ら・彼女らに言わせれば、自分たちは労働契約上、やらねばならぬことはやっているのであり、別にそれ以外のことをしなくても、文句を言われる筋合いはないということでしょう。

一橋大学大学院商学研究科教授の守島基博さんから、次のような話を聞いたことがあります。

たとえば野球の試合で、三遊間にゴロが転がってきたとします。日本の野球では、ボールを取るのは状況に応じて三塁手だったり遊撃手だったりします。日本の正社員は、これと同じだというのです。

一方、イタリアのような国では、三塁手と遊撃手の守備範囲が明確で、どちらかはっきりしないような中間に転がってきたボールに対しては、どちらも取ろうとしません。そのため、ヒットになってしまう可能性が高くなります。つまり、チームで守備をするという意識はなく、個人の守備範囲は決まっていて、その集合がチームの守備力になるという考え方です。

実はここに、日本の労働者とイタリアをはじめとする欧米の労働者との違いの縮図があると考えられます。つまり、労働契約において、自分が何をやるかがはっきり決まっている、あるいは、給料は何に対して支払われるのかという点で、本質的な違いがあるのです。たとえばイタリア人の労働者は、仕事の内容が特定されています。そして、仕事の内容に対して給料が決まってきます。職務給です。日本でも非正社員であれば、やる仕事が限定されていて、その仕事の難易度に応じて給料が決まっています。派遣などはその典型でしょう。

しかし、イタリア人は、期間の定めのない正社員であっても、こうした働き方をするのです。日本の正社員は、命じられたことは何でもやるという労働契約で働きます。法律的に言うと、職種が限定されておらず、いかなる職務に従事するかは、企業の指揮命令にゆだねられています。最近は限定正社員をめぐる議論もありますが、もともとは職種限定の正社員は、教員、病院の医師など、一部の専門的な仕事の場合に限られています。

20年くらい前になりますが、ミラノ中央駅で私は次のような経験をしました。いまでは自動券売機が普及しているのでこうした問題は起こりませんが、以前は鉄道の切符を購入するためには、みんな窓口（スポルテッロ）に並ばなければなりませんでした。窓口は複数あるので、そのどこかに並びます。時期によっては列が長くなることもあります。30分くらい並んでいて、あと3人くらいかなと思っていると、突然、窓口が閉鎖されたのです。なぜなら、その窓口を担当していた職員の勤務時間が終了するからです。その後、別の人が引き継いで交替してくれたらいいのですが、その窓口には「Chiuso（閉鎖）」という札がかかげられて、やむなく別の窓口の列に改めて並び直さなければなりません。

鉄道会社側のシステムが悪いと言ってしまえばそれまでですが、従業員のほうも気を利かしてほしいと、日本人なら思ってしまいます。従業員は、ずっと並んでいる客が残っていることがわかっているからです。それなのに、自分の勤務時間が終わったからといって、さっさと窓口を閉鎖するという感覚は、日本人には理解できないことです。

もちろん、これはイタリア人がおかしいのではなく、日本人のほうが特別なのかもしれません。イタリアをはじめとする海外諸国では、客よりも、自分の労働契約が優先というのが常識です。自分のやるべきことは、労働契約で定まっている職種と勤務時間に限定されていて、勤務時間外の仕事は、自分が行う義務のある仕事ではないのです。

労働契約に含まれていなければ、客に対するお礼の意味を示す笑顔も見せてくれません。こちらが笑顔で「グラツィエ（ありがとう）」と言えば、「プレーゴ（どういたしまして）」と笑顔で返してくれますが、それは仕事だからではなく、個人のフレンドリーな性格による対応にすぎません。そもそもイタリアでは、お礼を言うのは客であって、従業員ではありません。それでも、イタリア人は人なつっこいので、こちらからのお礼に対して個人的な笑顔の返礼がありますが、欧州の北に行けば行くほど、フレンドリーさは減っていき、笑顔に遭遇する確率は低下します。労働契約の範囲は限定的なもので、それを上回るエキストラのサービスは、個人次第なのです。

「あっち側の人間」と「こっち側の人間」

労働契約が職種限定、あるいは職務給だからといって、どこでもイタリア人のような働き方をするわけではありません。たとえば日本の非正社員は、職種限定の職務給であっても意欲的に働き、客へのサービスも怠らないことが少なくありません。もちろん、そうした行動が、労働契約の内容に含まれているからという場合もあるでしょう。有名なハンバーガーチェーンなどは、そういう労働契約になっているのかもしれません。ただ、そういう場合でなくても、非正社員に対して意欲的に仕事に取り組めるようなシステムが設けられていることは少なくありません。

それは、上司からの賞賛の言葉であることもあります。昇給という形で、それがたとえわずかな額であっても金銭的に示されることもあります。班長のような、ちょっとした責任のある仕事に昇進させるということもあるでしょう。いずれにせよ、日本には働く人の気持ちや意欲に働きかけるシステムがあるのです。つまり、モチベーション（動機付け）が与えられているのです。

しかし、これはイタリアにおいては、かなり難しいことです。それは、正社員であっても、です。イタリアでは、企業で働く人は、「企業側の人間」と「労働者側の人間」という二分類であり、両者は異なる階級に帰属し、利害が対立する存在なのです。どちらかが儲かれば、自分たちは損をするというゼロサムの関係です。というか、ゼロサムの関係にあると双方が決めつけているのです。企業が儲かれば自分たちも潤うという、ウィン・ウィンの発想はありません。

　こうしたところでは、仕事へのモチベーションは、企業が労働者を働かせるための甘言にすぎず、そこで働かせて儲かった分は、企業の懐に入ってしまうだけと疑念視されてしまいます。「あっち側の人間」と「こっち側の人間」の間には深い溝があり、「あっち側の人間」は常に「こっち側の人間」の搾取を狙っていて、「あっち側の人間」のやることは信用できないという不信感があるのです。

「労使協調」というのは日本では普通の言葉として使われています。日本が高度経済成長を成し遂げた理由として、しばしば労使が協調的であったからだと言われます。しかしイタリアでは、労使協調なんてものは、そもそもありえないと考えられています。こうした環境の下では、労働者は、労働契約で求められている仕事だけを、しかもその範囲をぎりぎりいっぱい狭く解釈して行い、それで給料を受け取ればよいと考えるのです。労働組合は、こうした労働者の態度を徹底的にサポートします。

　ストライキが躊躇《ちゅうちょ》なく行われるのも、こうした労使間の関係から説明がつきます。ストライキとは、労働者が集まっていっせいに仕事をしないことを意味します（イタリア語では、ショーペロ）。ストライキは、イタリアでも日本でも、憲法で保障されている権利であり、正当なストライキであれば、堂々とやってよいのです。

特にイタリアでは、ストライキ権は、労働者の「人格的利益」を実現するための権利と考えられています。ストライキが公共交通機関などで行われると、一般市民の生活に多大な迷惑をかけることになるのですが、それでも国民は、それに理解を示します。ストライキは、経済的利益を追求するためだけに行われるものではなく、人格を賭けた戦いという位置づけになっているからです。

一方、労使協調路線がとられていれば、ストライキはやりにくいものです。高度経済成長期以降、日本でストライキが減っていったのは、そのためです。企業側の人間に遠慮や配慮をするような意識が少しでもあれば、徹底的に戦うことはできないでしょう。それだけでなく、イタリアのように徹底したストライキをやっていると、「あっち側の人間」と「こっち側の人間」の溝をいっそう深く大きなものにしてしまいます。

意外な数字

もっとも、これまでに述べたことは、イタリアの雇用社会の一場面を、日本との比較からいささか強調しすぎているところもあります。ただ、イタリアは日本と違うことは事実です。大事なことは、特に敵対的な労使関係があっても、それでもイタリアは経済成長に成功してきたという点です。繰り返しますが、イタリアは、今日でも、いろいろ問題を抱えながらも世界有数の経済大国の一員なのです。そこでは、日本とはまったく違ったメカニズムが働いている可能性があります。

ここに興味深いデータがあります。それは、労働生産性に関するデータです。日本生産性本部が発表した「労働生産性の国際比較（２０１１年版）」によると、２０１０年の日本の労働生産性（就業者1人当たり名目付加価値）は、ＯＥＣＤ加盟34カ国中、第20位であったのに対して、イタリアは6位でした。過去10年をみても、だいたいこれと似たような順位で、イタリアのほうが常に日本より高いのです。個々の労働者の時間単位の生産性でみると、イタリアの労働者のほうが日本の労働者より優秀なのです。

では、労働時間の長さはどうでしょうか。イタリア人は、あまり働かないというイメージがあります。昼食休憩は長く、シエスタ（昼寝タイム）の習慣もあり、暗くなってからは働かないというイメージです。ミラノあたりの経済が発展している地域（北部）では、労働者は日本人並に勤勉に働いて、昼食もバールでパスタだけという風景もよくみかけますが、ナポリなどの南部に行くと、あまり働かないというイタリア人のイメージにぴったりの状況に遭遇することが増えます（失業率が高いので、そもそも仕事をしていないということもあるのですが)。

労働政策研究・研修機構の出している『データブック国際労働比較2013』によると、1人あたりの平均年間総実労働時間(2011年)は、イタリアは1774時間、日本は1728時間となっています。これはやや意外な数字です。総時間に大差はないものの、イタリア人のほうが日本人より多く働いていることになっています。ただ、これは数字どおりには受け止められないところもあります。何といっても、日本には公式統計に表れないサービス残業があります。一方のイタリアでは、サービス残業というのは考えられません。

ただ、それにしても、イタリアの平均年間総実労働時間は、欧州の他の国、特にドイツ(1413時間)、フランス(1476時間)、オランダ(1379時間)などよりかなり長いものとなっています。法制度上は、EUの指令により欧州各国の労働時間規制はほぼ似たようなものになっています。イタリアも、2003年に指令に則した法制度を導入しています。それにもかかわらず、イタリアと前述の国々とでは労働時間数に差があるのです。これはどうしてでしょうか。

その理由として第一に考えられるのは、イタリア人がよく働くということではなく、労働者全体のなかで、パートタイムで働く人の数が少ないことが考えられます。フルタイムで働く人が相対的に多ければ、労働時間は長くなるのです。

なぜパートタイムで働く人が少ないかというと、イタリアでは、フルタイムで働くことこそが、本来の働き方とされているからです。パートタイムでの就労は企業による濫用的な働かせ方とされており、労働組合もパートタイムの利用に反対してきました。オランダなど他の欧州諸国では、パートタイム労働は雇用機会の創出や雇用維持のためのワークシェアリングの手段として用いられることが多いのですが、イタリアはそうではありません。パートタイムは、フルタイムより劣った雇用という考え方が強いので、労働者や労働組合のほうが、そうした働き方が増えることを望まないのです。

もう一つイタリアで労働時間が長い理由として考えられるのは、自営業者の数が相対的に多いということです。先の労働時間数の統計には、雇われている労働者だけでなく、自営業者も含まれています。自営業者は、多く稼ぐためであれば、長く働くこともいといません。そのため、労働時間が長くなる傾向にあります。後述の時間外労働の制限なども、自営業者にはありません。

このように考えると、雇傭されているフルタイムの労働者、すなわち日本風に言うと正社員だけをみると、実は労働時間数について、イタリアと他国との間の差はそれほど大きなものではないと言えるのです。

さらに重要なのは、イタリアでは、時間外労働、つまり残業はあまり行われないということです。法律上、企業が時間外労働をさせるためには、労働者の同意が必要とされています。年間の時間外労働の時間数は250時間と定められています。日本では、就業規則に時間外労働に関する規定があれば、労働者の同意なしに時間外労働を命じることができます。また、時間外労働の年間の上限は360時間です。しかも、この上限は絶対的なものではなく、要件はありますが、超えることも可能とされています。

時間外労働は、ワーク・ライフ・バランスに直結するものであることを考えると、生活の豊かさを考えるうえで、これに対する規制がどれだけ強いかは無視できないポイントです。労働時間数がかりに長くないとしても、時間外労働が簡単に行われている国だとすると、労働時間規制は緩いとみざるをえないでしょう。ましてや時間外労働が「サービス残業」となっていればなおさらです。これは日本とイタリアをはじめ他国と労働時間規制の比較をするうえで見落としてはならない点です。

もう一つ、労働時間との関係で重要なのは、休暇です。日本は国民の祝日が多い国であり、先の労働政策研究・研修機構の『データブック国際労働比較2013』によると、年間休日日数は137・3日で、イタリアの141・0日とそれほど差はありません。ただ、その中身をみると、日本は年次有給休暇の取得日数が18・3日であるのに対して、イタリアは28・0日となっています。日本は、法律上はもっと多くの年次有給休暇を取得できるはずなのですが、労働者のほうで法律で認められている休暇を完全に取得しようとしないのです。

またイタリアでは、年次有給休暇は、夏のヴァカンスや春の復活祭のころにまとめて取ります。これは、休暇は細切れに取るよりも、まとめて取るほうが休息としての効果ははるかに大きいと考えられているからです。

ここからわかるのは、イタリア人の、ダラダラ働くのではなく、集中して効率的に働いて生産性をあげている、という姿です。イタリア人は、仕事に真剣に取り組んでいないようにみえて、実は、非常にメリハリをつけて、きちんと働いていると評価することができるのです。

中小企業の国

イタリアの経済をみるうえで、労働生産性と労働時間以外に、もう一つ注目すべきポイントがあります。それは、イタリアは中小企業が強い国であるということです。フォーチューン社の発表している世界企業ランキング（２０１３年版）のベスト５００をみてみましょう。日本は、トヨタ自動車の8位を筆頭に、62社が５００位までに入っています。

一方、イタリアは、もともと国有会社であったＥＮＩ（炭化水素公社）の17位がトップで、５００位以内は8社しかありません。イタリアの民間会社と言えばフィアットが有名ですが、それでも自動車会社としては、日本で言うと5番手くらいの規模の生産台数です（ＯＩＣＡ〈国際自動車工業連合会〉のデータによる）。ここからわかるのは、イタリアの経済を支えているのは、世界企業ランキングの上位には登場しない程度の規模ではあるが、国際的な競争力をもっている数多くの中小企業だということです。

労働法の観点からみても、規模の小さい企業は特別な地位にあります。イタリアの労働法のなかで最も重要な法律は１９７０年に制定された「労働者憲章法」ですが、そこに含まれている解雇に関する規定は、２０１２年に法改正がなされるまでは、小規模企業とそれ以外の企業とで差がつけられていました。

第4章でみたように、日本では不当な解雇が行われると無効になり、労働者は原職復帰することになりますが、それは企業規模に関係なく一律に適用されるルールです。これに対してイタリアでは、こうした解雇ルールが一定規模以上の企業（正確には、従業員数が15人を超える事業所、または従業員数が市町村レベルで15人もしくは全国レベルで60人を超える事業所）と、それ以外の企業で分けられていました。

すなわち、一定規模以上の企業では、不当な解雇に対して、労働者は原職復帰か金銭解決かを選択することができました。ちなみに、労働者にこうした選択権が与えられている国は、G7のなかではイタリアだけでした。

一方、それ以外の小規模の企業では、企業のほうに原職復帰か金銭解決の選択権がありました。それは実際には金銭解決がなされるということを意味します。なぜなら、企業のほうから、いったん解雇した労働者の原職復帰を望むことはまずないからです。2012年の法改正で、一定規模以上の企業でも、原則として金銭解決とするという制度に改められましたが、補償額の内容は、小規模の企業とで差がついています。

このほか、「労働者憲章法」は、労働組合に対して、企業内で活動する権利を保障していますが、従業員数15人以下の事業所ではこうした権利は認められていません。

要するに、一定の規模以下の企業では、労働法による保護規制が軽減され、優遇されているのです。そこでは解雇がしやすく、労働組合の活動も阻止できるということです。労働者の立場からみると、中小企業で働くと不利になるのです。

中小企業で働いても不利益にならないイタリア

このように、イタリアの中小企業で働くと、法規制という点では労働者の保護に劣るところがあるのですが、ただ労働者にとって一番大事な給料面では、中小企業だから不利になるということはありません。日本では、大企業と中小企業との間で賃金格差がありますが、それは給料が企業別で決まっているからです。イタリアはそうではありません。

実は、給料をはじめとする労働条件の決定方法は、日本とイタリアでは大きく違っています。

日本の労働者の労働条件は、労働組合があるところでは、労働組合と企業との間で交わされる「労働協約」によって決められます。日本の労働組合は通常、企業別で組織されているので、労働協約も企業別となります。

労働協約は、それを締結した労働組合の構成員（組合員）にしか適用されませんが、労働協約の内容は、そのまま全従業員に適用される「就業規則」に移行するので、結局、組合員以外の従業員にも適用されることになります。ただ、就業規則は正社員と非正社員とでは別々に作られていることが多く、労働協約から移行されるのは、正社員の就業規則だけです。企業別組合の構成員は通常、正社員なので、労働協約の定める労働条件は、正社員向けの労働条件だからです。

ところで日本では、中小企業をはじめとして、労働組合が組織されていない企業も多数あります。法律は、そのときでも、常時10人以上の労働者がいる事業場（職場）に、就業規則の作成を義務づけています。したがって、労働協約がなくても、その就業規則によって労働条件が決められることになります。複数の事業場をもつ大規模な企業では、就業規則の内容が、同じ企業内でも、事業場ごとに異なるということも起こりえます。

就業規則の作成の際、企業は、労働組合が組織されていない場合には、民主的な選挙などで選ばれた労働者の代表者の意見を聴取しなければなりません。ただ、法律で定めているのは意見の聴取だけなので、反対の意見が示されたときでも、企業は就業規則を適法に作成することができます。つまり、企業が、一方的に就業規則を作成することを通して、労働条件を決定できるのです。

こうして、日本では、労働組合が組織されている企業では、労働組合と企業との合意によって労働協約が締結され、それが就業規則の内容になって、組合員、非組合員全体に適用されます。一方、労働組合が組織されていない企業では、就業規則によって労働条件が決定されるのです。

労働協約によるにせよ、就業規則によるにせよ、日本では、給料を含む労働条件は、企業ごとに独自に決められていくという分権的構造があることが特徴となっています。

ところが、イタリアの労働者の労働条件の決め方は、これとはまったく違います。イタリアが特別ということではなく、この点でも、日本が特別なのです。事実、イタリアの労働条件決定システムは、欧州の標準的なものに近いシステムです。

それはどういうものかというと、まずイタリアでも、労働条件は、基本的には労働協約で決められます。ただ、就業規則の作成は義務づけられておらず、その役割は限定的です。イタリアの労働組合は産業別組合が中心で、賃金をはじめとする労働条件の交渉（団体交渉）は、産業別に、経営者団体との間で行われます。そのため労働協約は、日本のような企業別協約ではなく、産業別で結ばれる労働協約となります。イタリアでも企業別協約はありますが、それは産業別の労働協約を補充する役割しかありません。

産業別の労働協約の最も重要な役割は、基本給の設定です。そして、基本給は職務給です。労働協約において職務の格付けがなされ、それに応じた給料が定められているのです。労働者は難度の高い職務に配置されればされるほど、給料が高くなるというシステムになっています。逆に言うと、勤続年数が長くなっても、それだけでは基本給は高くなりません。

産業別の労働協約で基本給が設定されているということは、自分が従事する職務が同じであれば、どの企業で働いても給料は変わらないことを意味します。中小企業だからといって、基本給が低くなることはありません。このため、労働者は、一定のスキルをもっていて、それに応じた仕事をさせてもらえるかぎり、勤務場所が中小企業であっても不利益は生じないことになります。

厳密に言うと、労働協約が適用されるのは、自分の働く企業が、労働協約を締結した経営者団体に所属していて、労働者のほうも労働協約を締結した労働組合に加入している場合に限られます。しかし、イタリアでは、労働協約で定められている基本給は、労働協約の適用を受けない企業や労働者の間で結ばれる労働契約においても基準とされています。その意味で、労働協約の定める給料は、いわば産業別の最低賃金と考えてよいのです（イタリアでは、日本とは違って、法律上の最低賃金は存在しません）。

つまりイタリアでは、大企業が少ないとはいえ、日本のように大企業に入らなければ高い給料を得ることができないということではないのです。大事なのは、自分が専門とする仕事について、どれだけ難度の高い職務ができるかです。より高い格付けを得ることができるほど、給料（職務給）は高くなり、その給料（職務給）は同一産業内であれば、どこで働いても同じなのです。

日本で労働市場の流動化を実現すべきであるという主張がなされることがありますが、その際には、イタリアのように給料が職務給になっていったほうがいいのです。なぜなら日本の年功型の給料（これを職能給と呼びます）というのは、同一企業での勤続年数が給料額に影響するため、転職すると不利になるからです。イタリアや他の欧州諸国との比較で言うと、労働市場の流動化を進めるためには、給料が職務給となり、しかもその基準が個々の企業の枠を超えて横断的に設定されることが必要だと言えるでしょう。

プロをめざすイタリア人

イタリアでは、「プロフェッショナリタ（professionalità）」という言葉があります。これはその職業のプロとしての能力という意味です。イタリアでは、雇傭で働いている人も、このプロフェッショナリタが大切とされています。自分のプロとしての腕を磨き、格付けを上昇させ、それにより給料の上昇につなげるのです。

日本の正社員のように、「何でも」やる人は、イタリアでは出世できません。日本の正社員が「何でも」やるのは、日本ではそれが高く評価され、昇進にもつながるからです。また、給料は勤続年数に応じて上がっていく年功賃金なので、特定の仕事で腕を磨く必要もありません。

イタリア人にとって、仕事への真のモチベーションは、ある企業で「何でも」やることによって出世をめざすということではありません。企業という単位ではなく、その業界のプロの世界において、技能を高めていくことこそが大切なのです。もちろん、仕事の種類によっては高い技能は必要なく、給料が高くないものもあります。そして、そういう仕事は、イタリア人はやりたがらず、外国人がやる傾向にあります。３Ｋ労働はイヤという姿勢は、日本よりもイタリアのほうでよりはっきりしているように思えます。

イタリア人の労働者の仕事は、プロの仕事です。だから、働くとは、プロの技を提供することなのです。その意味では、客が「グラツィエ（ありがとう）」と言うのは、当然のことかもしれません。イタリアの労働者には、長く職場にいて長時間労働をすることによって企業に評価されるなんてことは必要ありません。そうしたことは、処遇に直結しません。プロが、プロとして評価してもらえるためには、自分で自分の腕を磨いていくしかないのです。最大のモチベーションは、プロ意識です。

ここまで述べてきたことは、イタリアの労働者をいささか美化しすぎているところがあるかもしれません。ただ、一人ひとりの正社員が、自分の職務を意識して働いていることは事実です。日本では、専門職など限られた人にしかあてはまらないことが、イタリアでは普通の労働者にもあてはまるのです。

イタリアの例からわかるのは、雇傭であっても、プロとしての誇りをもって働くことが可能であるということです。自営業者との違いは、特定の企業に取り込まれて働くかどうかの違いだけとも言えます。

イタリアの経済を支えてきたもの

こうしたイタリア人の働き方を支えているのが、前述の労働組合です。労働組合が、産業別に存在していることは、この点で大きな意味をもっています。

日本の企業労働組合は、実際上は、企業内の一機関となってしまっています。企業別組合の幹部となることは、その企業での出世コースとなってしまっているところも少なくありません。そうなると、企業に対して徹底的に労働者の利益を守るという姿勢をもちづらくなります。前述した労使協調の背景には、こうした構造も関係しています。

イタリアの労働者は、自分を雇傭する企業のなかに帰属の場所を求めてはいません。企業は共同体ではないのです。企業は、「あっち側の者」と「こっち側の者」が緊張関係に立ちながら構成されており、企業内における利害関係の一体性はないのです。

さらに、イタリアは全国レベルの労働組合でも有力なものが三つ存在しています。それぞれの労働組合は共同歩調をとることもありますが、考え方そのものはかなり異なっています。だからこそ、異なる労働組合として存在しているのです。そのため、同じ企業の社員同士であっても、違う労働組合に所属していれば連帯は難しいということになります。

こうしたことから、プロとして働く労働者の拠《よ》り所になるのは、自らの働く企業の外の労働組合となるのです。労働組合こそが、自分たちの職業に関する諸利益を守ってくれる存在なのです。労働者はプロとしては自立している面があるとはいえ、やはり雇傭されていることにともなう、つまり従属状況から生じるさまざまな問題を抱えています。それを労働者が連帯して団結する労働組合の力によって克服しようとしているのです。労働組合は、労働者一人ひとりが、プロとして十分に力を発揮するための基盤とみることもできるでしょう。

こうみると、イタリアの雇用システムは日本とはかなり異なりますが、それなりに筋の通ったものであり、これがイタリアの経済を支えてきたことにも納得できる点はあるのではないでしょうか。

イタリアの経験から示唆されること

ここまで、「イタリアの正社員」という言葉をときに用いてきましたが、実は、それは日本の正社員とはかなり異なっていることがわかると思います。日本の正社員が、「いつでも」「どこでも」「何でも」というように、残業も転勤もいとわず、どんな仕事でもやるというものであるのに対して、イタリアの無期雇用の労働者は、残業は拒否できるし、仕事は限定されたものしかしません。しかも転勤も、法律によって厳しく制限されています。

日本では、こうした労働者は正社員とは言えませんが、正社員が企業のなかの中核的な労働者グループを意味するものであるとすると、イタリアでは、残業なしで、職種限定で、転勤がない労働者であっても、文句なく正社員と言えるのです。

日本の雇用システムが、今後、イタリアのようになっていくかどうかはわかりません。また、イタリアのようになったほうがいいのかどうかも、何とも言えないところです。

というのは、イタリアの正社員には、育成という日本の正社員が享受してきた優遇措置がないからです。長年仕事をしていると、それを通じてスキルアップしていくことはありますが、わざわざ企業が教育訓練のようなことをしてくれるわけではありません。育成は自己責任となります。しかし、これもイタリアが特別だということではなく、日本が特別なのです。

外国から来た留学生が必死に勉強するのは、スキルを身につけるのは自分の責任であると考えているからです。一方、日本の大学生の多くは、驚くほど勉強しません。スキルを身につけるのは、企業に入ってからで、企業にすべてまかせているのです。そして、これが「従属」への入口となるのです。

雇傭であっても、どこか雇傭ではないようにみえるイタリアのプロの労働者の世界は、一つのあるべき姿として参考になるでしょう。日本でも「ジョブ型社員」ということが言われるようになっています（濱口桂一郎『新しい労働社会』〈岩波書店〉）。これは、伝統的な正社員から外れた労働者が今後は増えていくことの予兆かもしれません。

前述のように、伝統的な正社員の枠は減少傾向にあります。これからの労働者は、プロをめざしていく必要があるのです。ただ、そのためには、企業の枠を超える横断的な職種の評価や職務給の設定が必要で、そして、そのためには企業の枠を超えて個々の労働者を支える労働組合のような存在が必要になります。それと同時に、労働者のほうも自己責任でスキルアップを行っていかなければなりません。これが、イタリアの経験から導き出される、新たな働き方の一つのモデルなのです。

第6章

プロとして働くとは?

キーワードは「契約」

ここまで述べてきたように、正社員は法律による保護があるだけではなく、企業による優遇もあります。しかし、法律による保護は縮小傾向にあり、企業によって優遇される「真の意味での正社員」も減少傾向にあります。しかも「真の意味での正社員」であっても、企業の業績いかんによっては、その優遇の内容は減少していく可能性があります。

こうした雇用社会のなかで生き延びていくためにはどうすればよいのでしょうか。それは、企業による優遇を、労働者が自力で勝ち取ることです。そのためのキーワードが、「契約」です。

雇傭で働く場合、正社員の労働条件は、法律により保障されている内容に加えて、就業規則という従業員全員に適用されるものによって定められています。これにより、正社員は勤続年数や役職、残業の長さなどによって給料が変わってくるということはあるものの、働く上での基本的なルールは、ほぼ同じようなものとなるわけです。

ところが、もし就業規則によるこうした一括りの取扱いではなく、「契約」によってそれ以上の処遇を勝ち取ることができれば、通常の正社員とは大きく異なる「スーパー正社員」となれるのです。そうなると、雇傭であっても、従属性がなかったり、従属性が小さい職業人生を送ることができる可能性が高まります。

「契約」と言うと、契約社員のことを思い浮かべる人もいるかもしれません。しかし、契約社員という言葉で表されるときの「契約」とは、正社員のような雇用保障がないというニュアンスが入っています。

しかし、ここで言っている「スーパー正社員」の結ぶ「契約」とは、個人で勝負している人が、通常の正社員としての取扱いから抜け出すための手段をさしています。

ここで一つの疑問が出てきます。法律的にみた場合、一部の正社員だけを異なって扱うことは許されるのでしょうか。こうした優遇は、「えこひいき」ではないのでしょうか。

法律は「最低基準」を意味しているにすぎない

実はそうではありません。法律的には、「契約」で有利な処遇を企業から勝ち取ることについては何も制限がありません。たとえば、年次有給休暇は、第1章でも説明したように、法律上は、入社から半年間、出勤日の8割以上の勤務をして初めて、その後1年間において10日以上取得できます。その後、勤続年数が増えると、8割以上の出勤条件をみたすかぎり、年休の取得日数も上限20日に到達するまで毎年増えていきます。

しかし、「契約」によって、それよりも緩やかな条件で年次有給休暇を取得できるとすることも、あるいは、法律で定める以上の日数の年次有給休暇を取得できるとすることも可能なのです。

法律というのは最低基準を定めているにすぎません。したがって、それを上回る労働条件を、労働者が「契約」で勝ち取ることができれば、それが優先するのです。逆に、法律を下回る労働条件の場合には、労働者が「契約」をしたとしても、実際には、企業がそれを労働者に押しつけたに近いことになるので、そうした「契約」は有効とは認められません。つまり、法律はあくまで「最低基準」であって、その基準よりも労働者に不利な労働条件を許すことはありませんが、逆に、労働者に有利な労働条件であれば許容するという性質をもっているのです。

就業規則と「契約」との関係も同じです。第5章でも説明したように、就業規則は、各企業において、雇傭で働く人の労働条件を包括的に定めるものです。法律は、最低基準の労働条件しか定めていないため、法律で定められていないこともたくさんあります。そのため、日本では、実際の労働条件はほぼ就業規則によって定められていると言っても過言ではありません。

就業規則は、法律によって、常時10人以上の労働者が働いている職場であれば、どこでも作成しなければならないものです。就業規則は、従業員への周知も義務づけられていますし、労働基準監督署に届け出ることも義務づけられています。さらに、就業規則に記載しなければならない労働条件は法律で定められており、労働者が、自分の労働条件がどうなっているか、自分にはどのような権利があり、どのような義務があるかなどは、就業規則をみればわかるようになっています。

要するに、就業規則とは、雇傭で働く人の「身分」の中身を定める企業内のルールなのです。就業規則では、法律よりも低い労働条件を定めることはできません。また、労働組合がある場合に、労働組合と企業とが締結する労働協約に反することもできません。

そのような制約があるにせよ、就業規則は、そこで働く従業員全員に「一律に」適用されるものです。ただ、ある労働者が企業との間で、就業規則よりも有利な「契約」を結ぶことは、法律の場合と同様、許されています。その意味で、就業規則もまた、労働条件の「最低基準」なのです。

「転職力」とは

通常の正社員であれば、職場の就業規則の規定とは別に、それに上乗せするような特別な労働条件が認められることはまずないでしょう。法律上可能であったとしても、たとえば一部の正社員だけに特別な手当を支給していたり、特別な休暇を認めていたりしていると、社員間で不協和音が出かねません。

ただ、他社から引き抜かれてきたような労働者であれば、特別なポストで処遇されることがあるでしょう。そうした場合には、給料やその他の労働条件が、同学歴で同年齢の正社員より高くなることもあるはずです。また、仕事の内容が優遇されていて、約束されている仕事以外のことをしなくてもよいというような特別待遇になっていることもあるでしょう。

では、どうして他社に引き抜かれるような労働者がいるのでしょうか。それは、その労働者には、自社の正社員にはないスキルがあるからです。企業が経営を進めるうえで、そうした特別なスキルが必要であると考えるならば、そのスキルをもつ労働者を雇おうとするはずです。それが別の企業で働いている労働者であれば、その別企業よりも良い労働条件を提示して引き抜こうとするでしょう。

そのときの労働条件が、引き抜こうとしている側の企業の就業規則で一般の正社員に共通して認められている労働条件を上回るものであってもよいのです。企業は、必要とあれば、就業規則の定めにかかわらず、高い労働条件を提示することができます。逆に言うと、労働者は、そうした高い労働条件を提示されるような人材になれば、処遇が良くなっていくのです。

これが、まさに「転職力」です。「転職力」とは、他社から引き抜かれる力であり、他社に引き抜かれることを恐れる現在の企業から、より良い労働条件を引き出す力でもあります。これは観点を換えれば、「辞めさせてもらいます」と言ったときに、経営者の顔が青くなって、何とか引き留めようと躍起になるような労働者になるということでもあります。

新聞報道によると、中日ドラゴンズのドミニカ出身のエクトル・ルナ選手の2013年度の年俸は、推定約2870万円でした。しかし、同年度のめざましい活躍のため、中日は他球団への移籍を食い止めるべく、シーズン前半戦の6月はじめに、翌年度以降について総額約4億円の2年契約を結んだそうです。

プロ野球選手の仕事が雇傭であるかどうかは議論が分かれるところですが、それは別にしても、ルナ選手の例は、もし「辞めさせてもらいます」と言われたら困るということで、企業から良い給与を引き出したわかりやすい例だと言えるでしょう。ただ、あまりにも優遇してしまったために働くインセンティブがなくなったのでしょうか、結局、ルナ選手はシーズン途中で離脱してしまったというオチもあるのですが。

ネックは「何でも」やる社員

もう少し転職の話を続けましょう。転職というのは、自分の労働力を売る相手を変えることです。雇傭であれば、Aという企業に労働力を売っていたのを、Bという企業に売る相手を変えることです。

労働者としては、自分に最も高い値段を付けてくれるところに移籍できれば一番ハッピーでしょう。華麗なる転職と言えるかもしれません。ただ、現実には、こうしたことが、それほど頻繁に起こるわけではありません。

その理由は、多くの正社員には、転職を進めるうえでの前提条件が欠けているからです。

労働者が転職しようと思うとき、その業界で有名であったり、コネがあったりする場合でなければ、自ら人材サービス会社などを使いながら転職先を探すことになります。そのとき、自分のスキルがいったいどの程度の価値があるかが明確でなければ、他企業も転職を受け入れるに値するかどうかの判断材料がありません。

転職の第一歩は、自分の市場価値を明らかにすることです。簡単に言うと、私のスキルを買えば、「お得ですよ」ということを相手企業にわからせることです。「お得ですよ」といっても、それは値引き競争を意味するものではありません。そもそも、いま働いている企業よりも給料が下がるとなれば、何のために転職するのかわかりません。「お得ですよ」とは、それなりの給料はいただきますが、給料分以上の貢献をしますよ、という意味です。

問題は、自分の市場価値をどのようにして相手に示すかです。価値がわからなければ、支払う給料を得と感じるかどうか、相手も判断できません。ここでネックになるのは、日本の正社員は、「何でも」やる労働者であることです。いろんな職種を経験するのは、その企業で働き続ける限りは、むしろプラスに評価されます。企業内でのさまざまな部署や仕事を経験していくことは、企業内で幹部になるためには必要なものでしょう。そういうところでは、勤続年数という指標で、自分の価値を示すことができます。しかし、それは他企業には通用しません。

他企業に移るとなると、「何でも」やる労働者は、特に秀でたスキルをもっていない労働者と同義になってしまいます。企業内でのみ評価されるスキルしか身につけていないので、市場価値には反映されないのです。

スキルの三つのタイプ

本書では、日本の正社員には、長期雇用の下で、しっかりとした一人前の社員になるための「育成」というメリットがあると述べてきました。ただ、そこで身につけてきたスキルは、あくまでその企業で長期的に働くことが前提のスキルのことでした。

厳密に言うと、スキルには、三つのタイプがあります。

一つ目は、どの企業であっても、仕事をしていくうえで最低限必要なスキルです。社会人として備えておかなければならないあたりまえの素養と言ってもよいでしょう。

たとえば、いまの学生は、メール一つとってみても、目上の人に対してきちんとした文章を書けないことが少なくありません。学生時代までは、仲間うちだけで通用するルールに精通することが大切でした。しかし、やがてそれが仲間うちでしか通用しないものであることに気づかなくなり、世間で一般に通用するルールを知らないということが往々にして起きてしまいます。

それでも、就職活動はなんとか乗り切ることができるかもしれません。世間も、まだ学生だからと甘くみてくれるところもあります。しかし、いったん企業に入って社会人にもなれば、そうした甘えは通用しません。そのため、普通の企業ではこうした社会人として身につけておく必要のある常識についての教育がなされるのです。

実際、この教育は意味をもっているのでしょう。よく、中途採用において、「キャリア採用」と「ポテンシャル採用」ということが言われます。前者は、一定の職業経験をもった人を、その経験やスキルに着目して採用することですが、後者は、中途採用ではあるものの、比較的若い人をターゲットにしていて、特定のスキルではなく、その将来性に着目して採用するというものです。その意味で、ポテンシャル採用は新卒採用と似ています。しかし新卒採用と違うのは、一定の社会人経験をしていることで、社会人として必要とされる最低限のスキルが身についていることが期待されている点です。企業がポテンシャル採用をする経済的な意味は、新入社員に対する基礎的な訓練コストを節約できる点にあります。

ただ、日本は、この最低限必要なスキルを教育する必要性は、他国と比べると、相対的に低いと言われてきました。社会人としての基本的ルールなどは、それ自体、かなり高いレベルのスキルであり、外国では、「読み書き計算」から教育しなければならない場合もあります。日本の義務教育は、天才を生み出すのには向いていなかったかもしれませんが、高い識字率や計算力など、社会に出て優秀な労働者となるための基本的な素養を身につけさせることには成功してきたと言えるでしょう。

これから重要になるのは専門的で汎用的なスキル

スキルの二つ目は、専門的なスキルで、どの企業でも通用する汎用的なものであり、三つ目は、その企業でしか通用しないような特殊なものです。後者の企業特殊的なスキルは、その企業で蓄積されている知識やノウハウを身につけて、その企業ならではの価値を生み出すスキルです。そして、各企業の業績において差がつくのは、この三つ目のスキルをもつ優れた労働者をどこまで育て上げているかにかかっているのです。

日本の企業は、各企業独自の徹底したスキル形成を行うので、労働者が身につけたスキルは、企業特殊的なスキルが重要なものになる傾向にあると言われてきました。そのため、先に述べたように、ある企業で長年勤務して身につけたスキルが、必ずしも別の企業で同じように評価されるとは限りません。そうなると、労働者はなかなか転職することはできません。もし転職すれば、これまでの訓練の努力が無駄になってしまう可能性が高いからです。

要するに、企業特殊的なスキルを身につけているだけでは、市場価値はそれほど上がっていかないということです。それゆえ、企業は、その正社員を雇い続ける責任をもつのです。もし、企業がそうした責任を負わず、いつクビにするかわからないということであれば、労働者は誰も好んで企業特殊的なスキルを身につけようとはしないでしょう。簡単に言うと、一所懸命働かなくなるのです。これは、企業にとってもいい話ではありません。企業が正社員に長期雇用を保障しようとするのは、その企業に役立つスキルを身につけてもらうためです（⇒第1章、第2章）が、同時に、そうして市場価値を下げてしまうことへの補償という意味もあるのです。

一方、労働者が汎用的なスキルを身につけて勝負をしていくという業界であれば、転職がしやすい土壌があることになります。特に、労働者の業績が数字で明らかになりやすいところでは、本人の市場価値が客観化されやすくなります。

また、同じ業界であれば、大きな取引を次々と実現する人、営業成績が高い人、斬新なアイデアを次々と出す人などの情報はすぐに広がっていくでしょう。それにより、こうした人たちはヘッドハンティングされやすくなるでしょう。

こう考えると「転職力」を高めるためには、まずは汎用的なスキルを身につけることが大事であることがわかります。ある企業でどんなに高く評価されていても、それが他企業で高く評価されなければ、「転職力」は高まりません。それでも、いまいる企業で高く評価されているならば、転職する必要はないかもしれません。ただ、その企業がいつまで存続するかはわかりません。企業の寿命は30年などと言われたこともありましたが、変化のスピードが速くなっているこれからの時代は、もっと短くなる可能性もあります。

したがって、正社員であっても、「転職力」を高めておくにこしたことはありません。それだけではありません。もう少し自己防衛的な意味もあります。第3章でも出てきたように、「ブラック企業」の犠牲になってしまうのは、そこから脱出できないからです。「転職力」を身につければ、そうした悲惨な状況から脱却しやすくなるのです。

労働者は商品であってはならないのか？

「転職力」を高めるためには、労働者にとって自分のスキルは商品であるという意識をもつ必要があります。商品だから、大事に扱う必要があります。たとえば芸能界のアイドルは、まさに商品です。大切な商品は、丁寧に扱われます。時折、マネージャーがアイドルに手をつけてクビになったという話を聞きますが、それは、大切な商品の価値を下げる行為をしたからです。

一方、1944年にアメリカのフィラデルフィアで行われた国際労働機関（ILO）で採択された宣言の一つに、「労働は商品ではない」というものがありました。これは、ILOの基本原則です。労働者は奴隷のように売り買いされてはならない、すなわち「労働は商品ではない」という考え方は雇傭の本質に着目するときわめてまっとうなものだと言えるでしょう。

しかし、たとえばプロサッカーの香川真司選手が、世界的なビッグクラブであるマンチェスター・ユナイテッド（マンU）に移籍したとき、マンUのサポーターが、「良い買い物をした」と発言したとしても、それを批判する人はいないでしょう。香川選手は立派な商品でいいのです。香川選手は卓越したスキルをもっているため、高額で取引される商品であり、本人も含めて誰も、そのことに対して異論を挟《はさ》む人はいません。

芸能界のアイドルや香川選手が「労働者」と言えるかどうかは、実は法律的には微妙なところがあります。第1章でみた、雇傭か自営かという線引きは、法律上も明確ではなく、そのためにしばしば訴訟も起きています。クラブのホステスの仕事は雇傭か、バイク便のライダーの仕事は雇傭か、僧侶の仕事は雇傭か、かつてのNHKの集金業は雇傭かなど、法律的にも難しい問題です。

でも、ここでは雇傭か自営かが大事なのではありません。かりに雇傭であったとしても、自営に近いような働き方をしている人であれば、あたかも商品のごとく取引されたほうが価値が高くなるということです。取引価値、すなわち市場価値が高いということは、転職力も高いということです。

ちなみに、芸能界のアイドルやサッカー選手は、自営だと判断されることが多いでしょう。自営においては、雇傭とは違い、企業や個人に労働力を「売る」という性格が強くなります。正確には、労働力を売るのではなく、自分の労働力を投入した成果を売ると言ったほうがいいかもしれません。まさにプロの世界です。

自営の場合には、その労働は商品としての性格がいっそう強くなります。ただ、自営の場合には、雇傭と同じような意味での「転職力」は問題になりません。なぜなら自営の転職というのは、商売を変えることを意味するからです。自営の場合は、もともと不特定の人にその労働を売っているわけです。だから、売る相手が異なるのは当然で、同時に多数の人に売ることもありうるのです。フリーのライターが、たくさんの雑誌に連載をもつというようなことが後者の典型例です。

雇傭から自営への転身も、広い意味での転職です。これは、転職のなかで最も華やかですが、リスキーなものでもあります。なぜならこの転身は、自分の労働力を特定企業だけに売ることをやめて、一番高く買ってくれそうなところを、その都度、選んで売っていくということですが、思うような価格で売れるとは限らないからです。

たとえば、テレビのアナウンサーが、特定の局のアナウンサーからフリーになるというのが、まさにその典型例です。現実には、雇傭から自営への転身で成功した人もいれば、失敗した人もいます。第1章で述べたように、自営は自由があるために自己決定できますが、同時に自己責任をともなうものでもあります。

訓練への投資の経済的インセンティブ

自営の場合であれば、スキルを磨くのは自己研鑽《けんさん》ということになりますが、雇傭の場合には、企業の指揮命令の下で働く以上、スキルの形成を自分の希望どおりに行うことは難しい面があります。

企業としては、汎用的なスキルを身につけさせると、そこで退職されてしまう危険性があります。実際、企業が正社員を海外留学させて、MBA（経営学修士）などの学位を取得させたけれども、その後、ヘッドハンティングされて引き抜かれてしまった、というような話はよく聞きます。

そこで、企業はこのようなことを避けるために、留学から帰国して一定年数以内に辞めた場合には、学費の全部または一部を返還させるという約束をあらかじめ取り交わしておこうとします。ところが法律では、労働者が退職したときに違約金を支払わせる約束をすることを禁止しており、海外留学後の留学費用返還の約束も、この禁止規定に違反する疑いがあります。法律では、労働者の退職の自由を制限することは人権侵害につながると考えられてきました。ただ、海外留学が可能なくらい能力の高い正社員に人権侵害云々《うんぬん》を言うのは、少しおかしいような気もします。

この問題については次のような判例があり、それがいまでは定着しています。それは、企業が一定の留学資金を貸し付けたことにし、留学から帰国した後に一定期間の勤務をしたら、資金の返還義務を免除するという形にすればよいという、ある種の抜け道を認めるものでした。

いずれにせよ、この話のポイントは、ＭＢＡのように、どの企業でも評価される学位や資格というのは労働者にとっては有り難いものではあるものの、企業にとっては、そうした学位や資格を資金を出して労働者に取得させるのはせっかくの投下資本を回収できない危険性があるということです。

前述した香川選手のように、ビッグチームに移籍した選手が出てきた場合、その直近の所属チームに移籍金などが支給されるだけでなく、香川選手が少年時代に所属していたチームに「連帯貢献金」が支給される仕組みがサッカー界にはあります。こうした仕組みを備えていれば、将来引き抜かれるくらいの優秀な人材を育成する経済的インセンティブが出てきます。

雇傭においても汎用的スキルが重要となると、誰がそのスキル育成のコストを負担するかが問題となります。自営のように働く人自らコスト負担するという方法もありえますが、日本の将来を考えると、いかにして企業が自分のところの社員を訓練しても損をしないか、という仕組みを考えていく必要があります。そうした観点からは、企業が訓練のために投下した資本を回収できるよう、一定期間の退職を制限することも認めてよいと思います。これは短期的には転職を抑制するものですが、長期的な観点から「転職力」のことを考えていくと、労働者にとってもむしろ望ましい方法と言えるのです。

労働者の市場価値を測定し、それに基づき、より高い給与を提示する企業を探せる労働市場サービスが整備され、移籍が実現したときには、その労働者を育成した企業にもボーナスが支給されるようなシステムが構築できれば、転職力もいっそう高まることになるでしょう。

「キャリア権」

さて、正社員として雇傭で働きながら、転職力をつけるうえで大きな障害となるのが、「いつでも」「どこでも」「何でも」という働き方です。雇傭ですから、企業の指揮命令に服して働くのは仕方がないところがあります。しかし、こうした働き方を続けていると、汎用的なスキルはなかなか身につかず、転職力が高まらない可能性があります。

なかでも重要なのは、先ほども述べたように、「何でも」という部分です。正社員であっても、一定の専門的な仕事であれば職種は限定されていて、「何でも」しなくていいことがあります。たとえば病院の医師として採用されれば、医師以外の仕事をする必要はありません。同様に大学の教員として採用されれば、教員以外の仕事をする必要はありません。こうした職種では、働くことを通して自分の専門性を磨いていくことができます。

しかし、日本の多くの正社員のように、何年かごとに職種の変更を命じられ、いろいろな仕事を経験していくというのは、同じ企業で働き続けるだけならその経験はプラスに評価されますが、転職力を高めるうえではマイナスとなります。

最近では、労働者の「転職力」や将来の職業キャリアを権利として保障しようとする議論があります。それが、キャリア権です。企業が労働者の転職力にマイナスとなるような形で人事権を行使すると、労働者はキャリア権の侵害であるとして従わなくてよいようにするのが、この権利の内容です。

これまで日本の正社員は、雇用保障と引替えに広範な人事権に服し、企業のために特殊なスキルを磨き、それによって企業に貢献していくことが想定されてきました。しかし、こうした働き方をしていると、いつまで経っても自分の専門のスキルを磨くことはできません。そこで、キャリア権を導入することによって、企業は、労働者の汎用的なスキルの形成に不利となるような人事権を行使してはならないとする考え方が新たに主張されているのです。

キャリア権が定着していくと、企業は、正社員で雇っても、「何でも」やらせるという形での働き方や育成方法を採用することができません。つまり、特定の職種ごとに雇おうという動きが強まっていく可能性があります。

すなわち、職種別で採用し、その職種だけで仕事をし、その職種でプロになってもらうということです。職種限定となると、他の企業でもそのスキルは使いやすいので、転職力を高めることも可能となります。しかし、先の限定正社員のところでも述べたように（⇒第4章）、職種が限定されていると、その職種が不要となったとき、あるいはその職種で能力不足と判断されたときには、解雇されやすくなります。

企業が正社員に長期雇用を認めるのは、企業内で特有のスキルの育成をしているからです。キャリアという言葉を使えば、これまでの日本の正社員というのは、その企業内でキャリアをまっとうする、という労働者を意味していました。

ところが、汎用的なスキルを身につけて、その職種でプロとして働いていこうとする労働者には、企業は長期雇用という優遇を認めるメリットを感じません。そうなると、雇用の安定は保障されず、実力があるものだけ重用され、そうではないものは辞めさせられるというシビアな世界になっていくわけです。

前に述べた「契約」の世界とは、こういうことです。プロを雇い入れるのは「契約」であり、実力があるものは引き抜かれたり、あるいは引き抜かれることを防ぐために高い処遇を勝ち取ることができます。ところが、実力がなければ、「契約」してもらえないし、「契約」していても解約されてしまう恐れがあるのです。

これは厳しい世界ですが、安定雇用のエリートである「真の意味での正社員」のポストが少なくなっている以上、労働者は望むと望まないとにかかわらず、今後、この実力と、「契約」の世界に入って行かざるをえません。それを拒否すれば、雇傭の苛酷な現実にとどまるしかありません。

「ブラック企業」を糾弾していても、問題の本質的な解決とはなりません。そのうちに、「ブラック企業」にしか行けないお前がダメなんだ、と言われ始めるかもしれないのです。

労働組合は変われるか？

第5章で述べたように、イタリアの労働組合は、それぞれの産業で働くプロの労働者が結集したものでした。このほかにも、職種別労働組合があります。労働組合というのは、もともとクラフトユニオンから始まっています。クラフトユニオンとは、特定の技能をもつクラフト、つまりプロの労働者の集団です。

このようなプロ集団の労働組合は、自分たちの技能を、企業がどのくらいの値段で買うかということについて基準を作ります。つまり給料の相場の形成です。そして、企業側の団体と交渉して「労働協約」を締結し、労働組合のメンバーは、それよりも低い給料で働くことを禁止します。抜け駆けをしたメンバーは、さまざまな嫌がらせを受け、その業界では働けなくさせられます。プロ集団の労働組合は、職業紹介の役割を果たすこともあり、労働組合の設定した給料以下で働こうとする者は、職業紹介をしてもらえません。

こうした労働組合は、日本の労働組合の中心的な形態である企業別組合とはかなり異なるものです。日本の企業別組合は正社員を中心としたもので、どちらかと言うと企業との間でコミュニケーションをとることが主たる目的となっています。そこには、協調的な労使関係があります。いろんな職種の人も、ある企業の正社員としての共通項があれば、同じ労働組合のメンバーになれるのです。したがって、自分たちの職業的利益を守ろうとする意味合いは希薄になります。これは、日本の正社員は、特定の職種におけるプロという要素が低いこととも密接に関係しています。

実際、日本の企業別組合は先進国と比較すると、とても変わった労働組合と言えます。欧米の人のなかには、日本の労働組合は真の意味での労働組合ではないと言い切る人もいます。企業と戦う姿勢が希薄で、労働者の利益を十分に守っていないようにみえるからです。

ただ、そこは多少、誤解があります。日本の労働組合は、正社員の利益は守っているのです。企業が長期雇用の期待を裏切った行動をとらないかどうかのチェックをし、また、さまざまな優遇を勝ち取る手助けはしています。欧米のような職業上の利益を守ることはしていないとはいえ、それは日本とは正社員の働き方が違うので、守られるべき利益が違っているからなのです。

一方、日本でも最近は、企業別組合から排除された非正社員の利益を守るために、すでに何度か本書でも出てきた地域レベルで組織されているコミュニティ・ユニオンが力をもってきています。ただ、この労働組合もまた、欧米の労働組合とはかなり異なるものです。コミュニティ・ユニオンの活動は、主として、個人で加入した労働者の個別的な不満を吸い上げ、それについて企業との交渉を求め、解決していこうとすることにあります。プロとしての労働者集団の利益を守るというのとは異なっているのです。

今後、日本の正社員の主力が、プロとして「契約」の世界で生きていかなければならないとすると、そうした同じ職種でプロとして活動する仲間として、企業の枠を超えた、まさに欧米型の労働組合が必要となってくる可能性もあります。これは、第5章の最後で述べたように、イタリアの経験からも示唆されることです。日本でも産業別組合や職種別組合は存在しますが、数としては多くはありません。

プロ集団の労働組合は合法か

さきほどみたように、ほんとうのプロ集団の労働組合は、一定の水準以下の給料では自分たちの商品を売らないという同盟です。ただ、これは、買うほうからすると迷惑な話です。たとえば、ある限られた商品の値段を業者が同盟して高い価格につり上げると、消費者は損をしてしまいます。そうならないためには業者間できちんと競争して、値段が妥当な価格になるようにマーケットの機能が働くことが必要です。たとえば、エアコンのクリーニングについて、業者間で一台2万円とするという談合があれば、消費者は損をしますが、競争原理が働いて、1万5千円、1万円など、いろいろな価格でクリーニングを依頼できるような状況が生まれると消費者は喜ぶでしょう。

では、労働力という商品もこれと同じことにならないのでしょうか。労働者が同盟を作らず、自分は安く労働力を売ってよいと言う人が次々に出てきて競争原理が働けば、購入側は助かることになります。ここでは、購入側の消費者に相当するのが企業で、業者に相当するのが労働者です。

談合は、独占禁止法という法律で禁止されている行為です。公正取引委員会によってチェックされています。では、プロ集団の労働組合があったとして、組合員に対して一定の水準以下の給料で働いてはならないとすると、独占禁止法に反する談合には当たらないのでしょうか。日本の法律は、労働組合が企業との間で労働協約を結べば、組合員が、その労働協約で定める給料以下で働くと企業との間で合意しても無効となると明記されていますが、これと独占禁止法とは矛盾しないのか、ということです。

実はアメリカでは、かつて労働組合は、独占禁止法に反するものとして違法とされていました。しかしその後、労働者の給料引上げは、経済政策としても意味があるとして合法化されたという歴史があります。労働組合が給料の水準を設定することは、本来的には不当な競争制限行為とされるものなのですが、例外的に許容されているのです。

日本や欧州の労働組合は、アメリカのような経済政策的な観点からではなく、雇傭で働く労働者は、従属や隷属という特別に保護すべき状況があるという理由から、合法化されています。事業者間の取引と、従属的な労働者の労働条件の取引とは違うということです。雇傭においては、消費者に相当するのは企業なので、特に助ける必要がないという理由もあります。

そもそも日本や欧州では、憲法において、労働組合の結成や活動が認められています。日本の憲法で言えば、それは中学校でも習う労働基本権のことであり、具体的には、団結権、団体交渉権、団体行動権が、これに該当します。こうした憲法上の保障があるということは、雇傭で働く労働者の給料についての談合は、そもそも法律的にみて、何も問題がないということです。

ただ、問題はここにとどまりません。雇傭で働く人は、たとえプロ集団的なものであっても、労働組合を結成できる一方、自営で働く人は、事業者としての取引となるので、同盟を組んで給料の談合をするのは、独占禁止法違反となりそうです。先ほどのエアコン業者の例などを考えれば、そうした談合は社会的にも問題でしょう。

とはいえ、実際に働く人のなかには、雇傭か自営かがはっきりしない人たちもいます。こうした人たちの労働組合の結成が認められないのかが、最近問題となってきています。

2011年に最高裁判所で注目すべき判決が出ました。それは、新国立劇場運営財団事件とINAXメンテナンス事件という労働訴訟において、それぞれ楽団のオペラ歌手とINAX製品の修理専門会社のカスタマーエンジニアと呼ばれる修理作業員が、労働組合の結成や加入が認められる労働者であるかが争われました。最高裁判所は、いずれもこれを肯定したのです。

オペラ歌手やカスタマーエンジニアは、まさにプロとしての技術をもって働く人たちです。それぞれの職場でも、雇傭で働く者とは扱われていませんでした。しかし、最高裁判所は、法律的にみると、この人たちの働き方には雇傭的な要素があると認めて、労働組合を結成して、その利益が守られてよいと判断したのです。

完全な自営であれば、労働組合を結成することは、やはり独占禁止法の関係で問題があるでしょうが、雇傭に近いような自営でプロとして働く人には、労働組合を結成したり、加入したりして、その利益を守ることは可能というお墨付きを最高裁判所が与えたのです。

これは、プロとして働くために、個々人で転職力を磨きながらも、必要なサポートは労働組合を通して得るという仕組みが、日本の法律の下でも実現可能だということを示しています。

第7章

IT社会における労働

ITをいかにして味方につけるか

正社員でありながら、「何でも」やるという働き方をせず、プロとして働くのは、「言うは易《やす》し」ですが、「行うは難し」です。これからプロになろうとする若者、いや、プロとしてやっていかざるをえない若者は、いったいどうすればよいのでしょうか。

誰でもやれるような仕事であれば、プロにはなれません。かりにプロになっても、競争相手が多すぎて、それで生計を立てていくことは至難の業です。給料は需要と供給の関係によって決まってきます。働く側の供給が多ければ、よほど多くの需要がないかぎり、給料は上がりません。逆に単純労働であっても、需要がものすごく多くて、供給が相対的に少なければ、給料は上がります。新規開店で大量のバイトが必要になれば、たとえ非正社員であっても、バイト代は跳ね上がるのです。

大事なのは、今後の仕事の需要を的確に見極めることでしょう。正社員としてプロの仕事をしていくためには、いま現在、需要のある仕事をみているだけでは不十分です。もし、あなたが20歳であれば、年金をもらえるまでの年齢を考えると、今後40年くらい先のことまで考えておく必要があります。年金なんてあてにできないと考えているとすると、もっと先まで考える必要があるでしょう。

といっても、そんなに先のことまで考えろと言われても、実際は難しいでしょう。半世紀先のことなんて想像もつかないでしょう。よほどの先見の明のある人でないかぎり、20年後の雇用社会であっても、きちんと予測することは難しいと思います。

したがって、まず考えなければならないのは、10年から15年先くらいの社会を想像することです。その際に鍵となるのはＩＴ（情報技術）です。ＩＴの進化はすでに目覚ましいものがありますが、今後も大きく進化し、それが働き方にも大きなインパクトを与える可能性があります。私のような文科系の人間は、ＩＴがどこまで進化するかについて、なかなか具体的なイメージをもつことができません。ただ、過去10年の変化を考えるならば、今後とてつもない大きな変化が起こるのではないかと想像しています。

一般に大きな技術革新が起こると、雇用社会のヒエラルキーが変わる可能性があります。これまで生産性の低かった人が高くなるチャンスがあり、その逆の危険性もあります。ＩＴを味方にして、それを使いこなす人になるのか、あるいはＩＴに代替されてしまうのか。その違いが、個々人の職業人生を大きく左右することになるのです。

電王戦ショック

最近、将棋ファンである私にとってショッキングな出来事がありました。それは、2013年に行われた電王戦というコンピュータソフト対プロ棋士の対抗戦（5対5）で、プロ棋士側がソフト側に1勝3敗1分けという結果に終わったことです。特に最終戦では、将棋界の最高クラスであるA級に長年在籍している三浦弘行八段（当時。現在は九段）がコンピュータソフトに敗れてしまいました。

10年くらい前までは、トッププロ棋士がコンピュータソフトに負けるというのは、いつかは実現するとしても、まだずいぶんと先のことではないかと考えられていました。しかし、チェスの世界では、すでにコンピュータのほうが強くなっており、将棋のほうも遠からずそうなるという意見も強かったのです。そしてついに、そういう時代が来てしまいました。

将棋界の第一人者の羽生《はぶ》善治氏は、1996年の段階で、2015年にプロ棋士はコンピュータソフトに敗れると語っていたと言いますが、現実はそれよりも少し早かったようです。故・米長邦雄永世棋聖には、自分の3人の兄は頭が悪いから東大へ行ったが、自分は頭が良いからプロ棋士になったという有名な発言がありますが、世間も、プロ棋士というのは天才的な頭脳をもつ人の集団と考えてきました。彼らが天才であることは事実ですが、そのプロ棋士でさえもコンピュータには勝てない時代が来たのです。

いまはまだ、コンピュータを何百台も使ってやっとプロ棋士に勝てるというレベルですが、そう遠くない時期に、一台のコンピュータで将棋の名人にも勝てる時代が来るでしょう。何と言っても、コンピュータには疲労というものがありません。

毎年3月の初めに、「将棋界の一番長い日」という番組がテレビで放送されます。そこでは、1年かけてやってきた「A級順位戦」の最終戦が、勝負が終わるまで放送されます。この最終戦により、最も成績が良かった人が名人への挑戦権を得ることができ、最も成績の悪い2名が、A級という最高ステイタスから陥落します。勝負は朝の10時から始まり、通常、深夜にまで及びます。棋士たちが12時間以上かけて、頭脳をフル回転して戦うのです。放送では、最高の頭脳をもつ人間の苦闘の姿が映し出されます。人間ですから、最終の重要な局面で致命的なミスをすることもあります。その人間的なところが、観ているほうからすると面白いところでもあるのですが、コンピュータにはこういう疲労によるミスはありません。

真剣勝負で長い時間をかけた戦いとなると、疲れを知らないコンピュータと対戦する人間は圧倒的に不利です。ひょっとするとプロ棋士という仕事は、将来的にはなくなるか、あるいは大きく変質してしまうのかもしれません。

将棋はゲームですが、過去の膨大なデータを蓄積させて分析させるということが、コンピュータの得意技であるとすれば、いろいろな知的労働においても、人間の頭脳は同じように太刀打ちできなくなるでしょう。情報の蓄積容量、その分析速度、そして疲れを知らずに働き続ける力、そのいずれもが人間を凌駕《りようが》しているのです。

たとえば、私たち法学の研究者が書く論文をみると、そこでは、これまでの文献や判例の情報をインプットして、それを分析し、外国法の情報などをも取り入れて、なんとかオリジナルな主張をしようとします。ただ、ここでいうオリジナリティとは、実は、それまでにインプットした情報の範囲を出るものではないのかもしれません。突然、降ってわいてきたアイデアのように思えるものも、実はしょせん、既存のデータの焼直しという面があるようにも思います。私たちの研究論文の本質がこのようなものであるとすると、コンピュータでやれないことはないような気がします。こうなると、私たち研究者は廃業しなければなりません。

実際、ＡＩ（人工知能）の発展には目覚ましいものがあります。将棋やチェスのようなゲームだけではなく、作曲はすでに行われており、小説も執筆できるようになると言われています。ＡＩは感情の世界にまで入ろうとしています。私の老親は、犬のロボットの「ＡＩＢ

O」（ソニー）をペットのように可愛がっています。ロボットに感情がなくても、人間の感情が癒やされることがあるのです。

ＡＩの発達によって、いったいどれだけの仕事がＡＩに置き換わられていくのか想像もつきません。では、人間はＡＩを敵視すべきなのでしょうか。かつての産業革命期の「打ち壊し運動」のように、機械が労働者の仕事を奪うとして、抵抗すべきものなのでしょうか。おそらく、それは無駄な抵抗でしょう。もはや技術の進歩は止められません。それにＡＩは、人間の生活を、さまざまな面で豊かにするものです。労働者側の論理だけでこれに敵対することは許されません。

ＩＴを使う人とＩＴに代替される人

もちろん、ＩＴがどれだけ進んでも、またＡＩがどれだけ高度なものとなっても、経済的にペイしなければ普及はしません。いくら癒やし系ロボットがあっても、それがあまりに高価であれば、この分野において人間のほうでやるべきことはまだまだ残っていると言えます。星新一の「ボッコちゃん」に出てくるバーの接客ロボットのように、客の言うことをオウム返ししかしないバーの接客ロボットであれば、まだ生身の人間女性のほうがいいと言う男たちは多いかもしれません。しかし、コストだけの問題であれば、いつかは克服される可能性は十分にあります。

するとむしろ人間は、ITと競合しないように、ITが得意としない分野に進出していく必要があるのかもしれません。AIで小説を書くといっても、人々を感動させる小説が出てくるのは、もう少し先のことでしょう。現在、AIは星新一の「ショートショート」のような短編をめざしているようですが、百田《ひゃくた》尚樹『永遠の0《ゼロ》』（講談社）のような長編で人々に滂沱《ぼうだ》の涙を流させるような作品の登場は、かなり先のことになるかもしれません。

感情や感性の領域では、まだしばらくは人間が優位に立つでしょう。介護などの対人サービスが雇用吸収力のある成長産業と言われているのは、高齢化が進むために労働需要が増えるということだけでなく、ロボットなどITで代替できる余地がまだ少ないか、あるいはコスト的に合わない状況があるからでしょう。

しかし、これもいつかは、かなりの部分がロボットによって代替されるでしょう。安価で、かつ性能の高いロボットが登場すれば、残念ながら人間の労働力は駆逐されていく運命にあります。ただ、実はこれは新たな仕事を生み出しているという面もあります。ITを使って事業が拡大すれば、別のところで雇用を生み出す可能性はあります。また、ITを使用することにより、それを管理する仕事や技術的なメンテナンスの仕事も増えてくることでしょう。このことは、要するに、ＩＴが進化して仕事の面で恩恵を受けるのは、ＩＴを使う側の人だということです。さらに、ＩＴ技術の進展にかかわる技術者や研究者、それにＩＴ製品の製造業者も恩恵を受けるのです。このようなＩＴを味方につけて働く人が、ＩＴ社会の勝ち組になっていくのでしょう。

医療、在宅勤務……構造の変化

ＩＴのなかでも、特に通信面だけをみても、これからいろいろな変化が起こってくるでしょう。私の身近な例を挙げれば、大学の講義です。たとえばＩＴ技術を使えば、神戸大学の講義を聴きたい人はどこにいても聴講が可能となるでしょう。また、講義を英語で行えば、世界中に配信が可能になります。双方向通信にすれば、質問を受け付けることもできます。試験のやり方（本人の認証方法など）さえ工夫すれば、大学の教育は劇的に変わるかもしれません。

たとえば、こんな時代というのは考えられないでしょうか。大学はなくしてしまって、大学教授を国家資格にします。資格をパスしたものは、自分の専門科目の講義をネットに配信することを義務づけられます。受講者は、誰でも一定の授業料を払えば講義を聴けるようにします。試験に合格した学生には単位を与えます。所定の単位を修得した者は、大学卒業者と認定されます。単位認定は厳格なものとします。このようにすれば、入学試験はなくなり、どこにいても講義が聴けるようになり、ほんとうに学習意欲がある人に学習機会が広がります。大学卒業者の価値も高まるでしょう。技術的にはこうしたことはすでに可能であり、実際、２０１４年春から、ＭＯＯＣ（大規模公開オンライン講座）というサービスが開始されるそうです。

研究面でも、私たちのような法学系の人間は、国内外の文献と判例にアクセスできれば、かなりの仕事ができてしまいます。ネット上にこうした情報を集積しておけば、どこででも論文を書くことができます。すでにそういう時代に突入しつつあります。実際、私は論文などの原稿執筆は、研究室の外で行うことがほとんどです。どうしても大学に行かなければ調べられないものがあるときのみ、大学で原稿を書きますが、その割合は減ってきています。

ひょっとすると、ハワイに住みながら講義はネット、研究は自宅という時代が来るのかもしれません。もちろん、その頃には先述のように、ロボットが何もかもやってしまうので、大学教師のやることは残っていないかもしれませんが。

大学より、もっと身近で重要なのは医療です。病気によっては、その専門医が、どこにでもいるわけではありません。したがってＩＴの活用によって遠隔診療ができれば、助かる人もずいぶんといるでしょう。ＩＴは移動困難者にとって、良質のサービスを受けるうえで重要なものです。医師側からすると、必ずしも医師過疎地区に行かなくても、自分の住みたいところで仕事をし続けることが可能となるのです。もっとも、こうしたことは技術的にはすでに可能なようです。むしろ、対面診療以外を禁止する法律の規制が障壁となっているのです。こうした規制が緩和すれば、状況は劇的に変わるでしょう。

ＩＴは、自宅から出て働きにくい人々にとっても朗報となります。これまでも在宅ワーカーとして働いていた人はいますが、職種としては限られたものでした。技術の発展によって、幅広い職種において、在宅でも、オフィスと同様に働けるような時代が来るかもしれません。とりわけ身体に障がいをもつ人や育児や介護でなかなか家から出られない人は、もっと働きやすくなり、その能力を発揮しやすくなるでしょう。足腰の弱ってきた高齢者も同様でしょう（それだけでなく、いま話題の自動運転車が普及したら、障がい者や高齢者が、自ら職場に出て行く可能性も広がるでしょう）。

これらの人に共通するのは、移動にハンディがあったために、就労機会が限定されてきたということです。自らの労働力を提供する供給先が限定されるがゆえに、「労働市場弱者」として考えられてきた人たちは、ＩＴの発展によってそのハンディを克服する手段を得る可能性が高まりました。それによって、大きなチャンスが到来するのです。

障がい者のなかには、もともと適切なサポートさえあれば、健常者と同じように働くことができる人がたくさんいます。最近の法律改正で、アメリカ法をモデルにして、企業は障がい者を雇う際に、「合理的な配慮」をすることが義務づけられましたが、その際、企業に過重な負担を及ぼす場合は別となっています。ＩＴの発展は、さまざまな障がいをもつ労働者への就労への配慮をするうえで「過重な負担」となる場合を縮小させていくことになるでしょう。これは、障がい者の社会進出を促進することになります。

一般の正社員であっても、ＩＴを活用して在宅勤務をしていくことは、ワーク・ライフ・バランスの観点から望ましい効果があります。たしかに、少し前に、アメリカのYahoo!が在宅勤務を禁止したときに、その理由とされた「規律の緩み」という問題はあるかもしれません。しかし、規律の問題は、別の形で解決することは可能であり、ＩＴの活用に消極的となる理由としては不十分でしょう。むしろ、今後は、社員が一堂に集まらないなかで、どこまで企業としての一体性をもって業務を運営していくのか、それが経営者や人事担当者の腕の見せ所になるのでしょう。

学部卒、受難の時代？

ＩＴの発達が、これまでの労働市場の弱者をもはや弱者ではない者にするとなると、良い仕事をめぐる競争はますます激化します。たとえば、大学時代に何も勉強してこなかったけれども、体力と協調性は十分にあるというような若者は、これまで企業に重宝されてきました。しかし今後は、そういう人たちは就労機会からあぶれてしまうおそれもあります。

これまでに何度も述べてきたように、企業は、すべての正社員を育成できなくなる可能性が高まっています。育成の責任は、働く個人が負う形になっていくでしょう。つまり、自分がどの分野でプロとしてやっていくのかを、あらかじめ戦略的に考え、周到に準備してきた者しか勝ち組になりえないのです。その戦略とは、ここまで述べてきたようなＩＴ社会のなかで、自分がどんな仕事ができるかを分析していくことです。

この面で教育機関のやるべきことは多数あります。特に重要なのは、専門教育でしょう。たとえば法学部というのは、どこの大学でもほぼ同じような授業を行っています。この授業の形態がもしこのまま変わらなければ、近い将来、その存在意義を失ってしまうのではないかという懸念があります。確かに、ＩＴ社会でも、企業にとって法律の専門的な知識は不要にはなりません。訴訟をしたり、契約書を交わしたり、取引の交渉をしたりするようなことは、やはり人間がやる必要があります。

こうした専門的な知識が必要な場合、企業としては、どこかの弁護士事務所と顧問契約を結ぶこともありますが、今後は、社員のなかに、そうした法律の専門的知識をもった人を抱えておくことを考える企業が増えていくでしょう。そのとき、法学部卒を採用しようとする企業が、どこまであるかです。なぜなら、それだったら法科大学院修了者を採用するほうがいいからです。厳しい司法試験には合格できていなくても、法科大学院を修了している人のほうが、たんなる法学部卒よりも高い専門性を身につけているはずだからです。

もちろん、司法試験に合格して弁護士資格をもっている人のほうがもっといいでしょう。弁護士の競争も厳しいので、あえて企業に雇われたうえで、専門性をもってプロとして働くという進路をとる人もいるでしょう。そうなると、たんなる法学部卒では、いっそう太刀打ちできなくなります。同じようなことは、他の学部でも起こるかもしれません。

特に理科系では、大学院を出ていなければ良い就職はできないというのがすでに常識となっています。文科系では、これまでは産業界に直結する専門性という点では弱いものがあったので、普通の大学院ではなく、実務に役立つ専門性を身につける大学院を出ている人でなければ採用されにくくなるでしょう。いずれにせよ、学部だけしか出ていない若者にとっては受難の時代です。

社会的ロスを減らすために

さらに、これまで男性優位と言われてきた雇用社会が大きく変わる可能性もあります。たとえば、これから成長が期待される介護や看護などの仕事では、きめ細かな配慮が得意な女性のほうが能力を発揮しやすくなるでしょう。対人的なサービスは、平均的にコミュニケーション能力が優れていると言われる女性のほうが得意なのです。これは、脳の構造による違いと言われています。

これは男女のどちらが優れているというようなことではありません。男女は、仕事をするうえで、それぞれ異なる得意分野があります。そして、ITの発展により、今後は女性が得意とする分野のほうが成長していく可能性があり、女性にとってチャンスが増えることが予想されます。

私はなかば冗談ですが、2025年くらいには、「男性差別禁止法」なるものが誕生するのではないかと言ったりしています。差別禁止法というのは、必ずしも人権侵害といった大げさな問題に関係するものではありません。差別禁止法の制定は、仕事が見つかりにくい人たちのグループが、自分たちの置かれている状況が社会構造の問題であること、つまり差別であることを、社会の多数の人に説得できたときに実現されるものです。男性が仕事からあぶれることが多くなってくると、男性のほうが被差別者として声をあげて運動をすることは十分に考えられることです。

だからといって、女性へのサポートが不要と言っているわけではありません。女性の雇用は、いわゆるM字カーブと呼ばれ、これはちょうど男性がどんどん昇進していく時期にリタイアする女性が多いことを示しています。管理職になる女性が少ないことも指摘されています。勤続年数の短さや昇進の限定は、賃金格差を生み出しています。

こうしたことの原因は、経営者や社会が、女性に対する偏見をもっていることだけにあるのではありません。だからといって、これが問題でないとみることも適切ではありません。少なくとも、国の教育への投資は男女平等に行われています。このことは、女性の進学率が高まるなか、女性をうまく活用できていない社会はロスが多いことを意味しているのです。たとえば、わかりやすい例で言うと、医学部で優れた成績をおさめた女医や司法試験で優秀な成績で合格した女性弁護士が、簡単にドロップアウトするようなことが起こると、国の投資が無駄になってしまうのです。

優秀な女性が働きやすい環境を作ることは、社会においてどうしても必要なことです。ITは、そのための有力な手段になりえます。ITがワーク・ライフ・バランスの推進に役立ち、女性にとって社会進出しやすくなることが期待されています。男性はこれから、自分たちの力で女性と競争していく必要があります。というか、男性や女性ということでなく、男女にかかわらず、個々の力を磨いていくしかありません。私が予想したような男性差別禁止法に頼るようなことがほんとうに起こってしまうと、男性はますますダメになっていくでしょう。

ワークとライフが融合する

ITの発達により、いまやどこにいても仕事ができる時代になってきています。日常生活でも、iPadなどのタブレットやスマートフォンを持ち歩くのはかなり一般化していて、仕事においては必携となりつつあります。あと数年もすれば、いま誰でも携帯電話をもつのと同じように、タブレットを持ち歩く時代となるでしょう。

こういう時代になると、もはや雇傭とか請負とかの区別が意味をもたなくなる可能性もあります。たとえば、第6章でも述べたように、オペラ歌手やサービスエンジニアが労働組合を作れるかどうかが問題となったケースで、最高裁判所は、その解決のための判断基準の一つに、働いている人たちが、「指揮監督の下に労務の提供を行っており、かつ、その業務について場所的にも時間的にも相応の拘束を受けていること」というものを挙げていました。自営的に就労する人が、雇傭として労災保険の適用を受けるかどうかが争われたケースでも、裁判所は、やはり同様の基準を挙げていました。

雇傭で働く人であるかどうかを判断する主たる基準は、指揮命令を受けて従属的に働いていること、時間的に拘束されていること、場所的に拘束されていることにあるのです。これは正社員の特徴として述べてきた、「何でも」「いつでも」「どこでも」とも対応しています。いつ、どこで、どのように働くかは、企業の指示次第で決まるというのが、これまでの雇傭の本質であり、また正社員の特徴でもありました。

タブレット端末を用いて働く人たちは、仕事道具が手元にあるため、いつでも、どこでも働くことができます。職種にもよるでしょうが、仕事の進め方も、かなり自由にできることになるでしょう。こういう人は、法律上の分類ではなお、雇傭で働いていることになりそうですが、実際上は、もはや雇傭の特徴を備えていないとも言えます。

現在の労働法は、このような新たな働き方への変化に付いていけていません。たとえば、労働時間規制をみてみましょう。指揮命令を強く受けていない人は、本来、裁量労働制の適用対象にするのに適合的です（⇒第4章）。しかし、裁量労働制の要件は厳しく、そう簡単には使えないのです。一般の営業社員であれば、裁量労働制の適用を受けることはできません。

このほかに、時間的拘束の緩い働き方としては、フレックスタイム制があります。これは始業時刻と終業時刻、つまり、いつ出社して、いつ帰社するかを、労働者のほうで決めてよいという制度です。この制度は、裁量労働制よりは多く活用されていますが、導入手続はかなり面倒です。

また、場所的拘束性の緩い働き方としては、「事業場外労働のみなし制」というものがあります。外回りの営業マンなどは労働時間を算定しにくい面があります。そういう場合には、就業規則で定められている所定の勤務時間働いたものとみなすというものです。通常は所定労働時間は8時間かそれ以下なので、実際にはたくさん働いていても、残業（時間外労働）は発生しないことになります。

もっとも、この制度は、「労働時間を算定し難い」場合にしか適用されないので、たとえば外回りの営業をしていても、ＧＰＳ機能のあるスマートフォンやタブレットをもたされるなど、企業のほうで労働者の行動の監視が可能な場合には、適用されません。最近の判例では、国内や海外のツアーの添乗員の仕事でも、この制度を適用できないとしています。

実は、こういう新たな働き方をする人の労働時間に関しては、法律上、根本的な問題があるのです。それは、いったいどこからどこまでが労働時間なのかがはっきりしないということです。たとえば、タブレット端末を用いれば、仕事もできれば、個人的なメールのやりとりもできます。通信料金は業務用と私用に分けて精算するとしても、どこからどこまでが仕事の時間で、どこからどこまでがプライベートな時間かを分けて、前者だけカウントするというようなことは、不可能ではないにしても現実的ではないでしょう。それに、タブレット端末を業務用でしか使ってはダメというのは、現代のビジネスパーソンにとっては、あまりにも窮屈でしょう。

休んでいるときにネットサーフィンをしていたら、ふと仕事に関するアイデアがひらめいて、今度はそこから仕事に関する情報検索をするなんていうこともあります。ここからは私用、ここからは仕事と、截然《せつぜん》と分けられるものではありません。

現在でも、こうしたことが起きていますが、将来的には、このようなワークとライフの切れ目がはっきりしない働き方がいっそう広がっていくのではないでしょうか。ワーク・ライフ・バランスというより、ワークとライフの融合です。

労働時間規制の限界

実は、法律上、「労働時間とは何か」についてどこにも定められていません。最高裁判所が、企業の指揮命令下に置かれているのが労働時間であると述べているだけです。しかも、その指揮命令下にあるかどうかというのは、どんどんあいまいになってきています。労働時間の上限規制をどうするかとか、割増賃金がいくらであるとかといった問題は、労働時間がカウントできることが前提です。その労働時間のカウントができないような働き方が増えてくると、労働時間をめぐる法律は、根本から崩れていくことになります。

労災保険についても、厄介な問題があります。労働災害として補償を受けるのは、「業務」に関連するケガや病気の場合です。ワークとライフが融合した働き方になると、しばしば「業務」に関連しているかどうかの線引きがはっきりしなくなります。そのため、事故にあったときに労災保険が適用できるかどうかの判断が難しくなるのです。

また、いわゆる過労により脳や心臓の病気で倒れたとき、労災保険の認定を受けるためには、どれだけの残業をしていたかが重要な判断ポイントとなります。しかし、その肝心の労働時間の長さが明確に測定できないとなると、労災の認定も難しくなるのです。

IT時代の働き方には、そもそも、誰が雇傭で働く労働者として、労働法の保護の対象とすべき者なのかがはっきりしないという特徴があります。また、労働者として労働法の保護を受けるとしても、労働時間の規制などは、新たな働き方の実態にフィットしていないという問題があります。やはり、ホワイトカラー・エグゼンプションを導入し（⇒第4章）、労働時間をカウントしないことを前提とした制度を設けるというような根本的な制度の見直しが必要と言えるでしょう。

日本人の美徳は美徳ではない

ワークとライフが融合した状況が出現するのは、健康面を考えると問題があります。ホワイトカラー・エグゼンプション導入論に対する最も大きな批判は、長時間労働による疲労が問題とされているなかで、それをいっそう悪化させないかという点です。この批判はもっともなものであり、それへの対策をしっかり考えておくことは重要です。健康を考えるうえで休息の確保が重要であることは誰も否定しないでしょう。

休息の確保という点では、三つのチェックポイントがあります。一つは、1日のどこかできっちりと休むこと、もう一つは、1週のどこかできっちりと休むこと、最後に、1年のどこかの時期できっちりと休むことです。

1日単位では、その日の仕事が終わってから次の仕事が始まるまでの間に、かならず一定の休息時間を置く必要があります。これは、現在の法律のように1日の労働時間の上限を定めることと裏表の関係にありますが、休むことへの意識付けを高めるためには、現在の法律には存在していない、勤務時間と勤務時間の間の休息時間（勤務間インターバル）に関する規定を設けるべきだと思います。ちなみに欧州では、11時間の休息時間を与えることが義務づけられています。

1週単位では、1週に1日は必ず休むというのを徹底することが大切です。ユダヤ教の安息日のように、みんな一斉に同じ日に休むことまで求めるのは行き過ぎとしても、週に1日必ず休むことにし、現在のように三六協定が締結されて労働基準監督署に届け出て、35パーセント以上の割増賃金を支払えば休日に労働させてもよいという制度は見直す必要があります。現在の制度だと、極端に言えば、労働者が年次有給休暇を取らないかぎり、ずっと企業は労働者を働かせることができてしまうのです。

さらに日本では、厳密に言うと、週休制は求められておらず、4週間で4日休ませればよいという定めになっています。やはり1週に1日は、緊急の必要性などの特別なことがないかぎり、確実に休めるようにしたほうがいいと思います。

なお、休日については、欧州では1週間に24時間の連続の休息を与えるものとされています。ただ、2週間単位にすることも認められているので、週に1日の休息が確保されているわけではありません。

1年単位では、年次有給休暇が重要です。第5章でもみたように、イタリアでは、バカンスや復活祭での長期休暇が社会的な慣行となっていて、労働者はそこでしっかり休みを取ります。一方、日本では年次有給休暇の取得は労働者の権利となっていて、どの時季（具体的な時期か季節）に休むかの指定をすることができます（これを「時季指定権」と言います）が、そうした労働者主導の年次有給休暇というのが、かえって日本の労働者に休みを取りづらくさせているように思えます。

イタリアでは、労働者の義務は契約の範囲内だけのことを指し、それ以上は「サービス」しません。一方、自分の権利はしっかりと行使します。イタリアの労働者には、時季指定権が与えられているわけではありませんが、一定の年次有給休暇は権利として認められています。権利である以上、取らないという選択肢はありません。自分が年次有給休暇を取ることで同僚に迷惑がかかるかどうかも気にしません。ましてや企業の業務の都合などに気を遣うことはないのです。「あっち側の人間」の事情は、「こっち側の人間」は考慮しないのです。

労働者にいかに法律上の権利が認められたとしても、労働者がその権利を行使しなければ、どうしようもありません。企業への気遣いをするのは、日本人の美徳なのかもしれませんが、実はここでも「転職力」が関係しています。絶対に雇用が守られるとわかっていれば、日本人だって権利を行使するはずです。将来に何らかの不安があるからこそ、あえて権利を行使せず企業に忠誠心を示すというようなことが起きてしまうのです。しかし、「転職力」があれば、万が一クビになっても「次」があると考えることができるので、取れるものは取っておこうという気持ちになりやすくなるのです。

また、年次有給休暇などの休暇や育児休業などについては、その職場の雰囲気も大切です。たとえば、大学の教員は、「サバティカル」といって、1年から2年くらい、長期の休暇を取ることがあります。その間は、同僚には多大な迷惑がかかります。しかし、だからといって誰もサバティカル休暇を取ることを遠慮しません。それは、大学の教員であれば、みんながサバティカル休暇を取りたいと考えているからです。お互い様であれば、ある程度の迷惑も仕方ないというコンセンサスがあるのです。

実は、日本人が美徳だと考えていることはそうではなく、職場の雰囲気にもよるのです。年次有給休暇を取らずに滅私奉公的に働くことによって、自分の企業内での位置を見つけてきたような上司がいるところでは、部下はなかなか休めないでしょう。しかし、上司が全然違う考え方をもっていれば雰囲気もガラッと変わり、皆で工夫して順番に休んでいこうなんてことが起こりうるのです。

ましてや、「転職力」をもつ労働者が増えてくれば、その職場にいつまでいるかわからないので、同僚に対する気兼ねも少なくなるかもしれません。むしろ自分の労働契約上の権利が大切という気持ちになるでしょう。私は、それは別に悪いことだとは思えません。きちんと休むことが、プロとしての働き方のけじめなのです。健康確保は、まずは自分の権利をしっかり行使して図っていくことから始めるのが大切なのです。

いずれにせよ、新しい働き方においては、法律的にも、労働時間よりも休息に焦点をあてるべきであり、労働者のほうも、法律によって与えられた権利をしっかり行使していくという意識がこれから重要になってくると思います。

「新しい酒を古い革袋に入れるな」

以上に述べたことは、雇傭で働く人を保護してきた従来の労働法で、新しい雇用社会を規律しようとすることには限界があるということを示しています。要は、「新しい酒を古い革袋に入れるな」ということです。これは、新約聖書の「マタイによる福音書」にある言葉です。古い革袋に新しい酒を入れると、酒も革袋もダメになるということから来ています。新しい考え方を受け入れるためには新しい制度の器が必要だということです。

そこでは、雇傭か自営かという区別にこだわらず、プロとして働こうとする人たちに適合的な法律のルールが必要であり、古い制度のままで新しい現実を規律して、そのダイナミックな流れを阻止するようなことはしてはならないのです。

これは、働く側においても、雇傭で働くことによって、いろいろな保護を受けるということを期待してはならないということを意味します。「いつ」「どこで」「何を」するかは自分で決めていくのです。自分の人生というキャンバスに、どのような仕事をするかという絵を描くのは、企業ではなく、自分自身だということです。これが真の意味での自由であり、自己決定であると思います。

もし自営で働くと決めたとすると、それは企業を起こす形で行われることも多いでしょう。

起業です。これまでの日本社会は起業に対して制約が大きかったと言われていますが、これも徐々に変わりつつあります。第2次安倍政権は、起業に対するサポートを強めようとしています。融資を受けるためには個人保証が必要で、そのため一度事業に失敗すると身ぐるみはがれてしまうということでは、なかなか新規の事業は立ち上がりません。こうしたところも含めて、政府は手を差し延べようとしています。

IT社会においては、これまでにないような新たな事業が立ち上がってくる可能性があります。そうした事業に人々がチャレンジングに取り組んでいかなければ、日本の経済は成長していかないでしょう。労働法の面からもできることはいろいろあります。

たとえば、解雇を制限する法律の規定や時間外労働に対する割増賃金の支払いを義務づける法律の規定を起業から数年間、適用除外にして、労働コストを下げるというようなアイデアもあります。特区的な発想で、ベンチャー企業に労働法規制の緩和をすることもまた、考慮に値するでしょう。

プロとして生きていくための環境整備は、今後、徐々に進んでいくことが予想されます。今後は、働く側の意識の問題です。学校教育は、これからの世代を担う人たちが、いかにして、より良き職業人生を歩むことができるかということを、将来を見越して適切にオリエンテーションしていく必要があります。これが、ほんとうのキャリア教育です。

そのためには産業界とも連携して、今後どういう仕事の需要が出てくるかの研究も必要です。その意味では、教育をする側の教育もますます重要となっていくでしょう。

終章

パターナリズムを越えて

七つのポイント

本書でここまで述べてきた内容をまとめると、次の七つのポイントに集約されます。

第一のポイントは、働き方には、雇傭と自営（請負）という二つのタイプのものがあることです。多くの労働者は、雇傭で働いています。この雇傭という働き方は、企業の指揮命令を受けて働くことを本質とするものなので、そこには従属的な状況が生じます。一方、自営で働く場合、指揮命令を受けないため、自由を手にすることができますが、その代わり、仕事の結果に対しては自己責任を負わなければなりません。

第二のポイントは、従属的な働き方である雇傭には自営と違い、労働法の保護があること、特に正社員となると、それに加えて、企業からさまざまな優遇が受けられることです。特に重要なのは、雇用や給料の「安定」です。確かに、正社員においては、企業からの指揮命令は、広範な人事権という形で表れ、苛酷なものになりがちです。「いつでも」「どこでも」「何でも」しなければならない正社員にとって、そのデメリットが深刻に表れるところでもあります。

ただ、企業は、こうした人事権を行使しながら、正社員を育成し、一人前の社会人にしてくれるため、そのメリットは計り知れないものがあります。正社員としてのさまざまな優遇が大きいものであり、それに法律による保護を加えると、正社員で働くことは、デメリットよりもメリットのほうが多いと言えます。

なお、雇傭のなかでも非正社員は、「いつでも」「どこでも」「何でも」という要素が、いくつか、あるいはすべて欠如している労働者です。そのため、正社員よりも自由度は高いですが、指揮命令で働くという雇傭の本質は、非正社員にもあてはまります。また、非正社員は、労働法の保護の対象とはなるものの、短期的な雇用であり、雇用や給料の「安定」性は低く、また企業からの優遇は少ないものです。そうなると、トータルでみると、デメリットのほうが、メリットよりもはるかに大きいものとなります。

第三のポイントは、恵まれた正社員の数は限られているということです。正社員という地位があるのは、企業にとって、そういう地位を設けることに経済的なメリットがあるからだということを忘れてはなりません。企業にとって、長期的に企業に貢献してもらう人材が必要であるため、正社員としての地位が用意されているのです。逆に言うと、正社員になれる資格というのは、企業に長期的に貢献できるだけの素養をもった人材に限られるということです。

このことは、正社員という名前は使われていても、実は「真の意味での正社員」と「そうでない正社員」がいることを意味しています。

第四のポイントは、雇傭のメリットとして挙げられる労働法の保護も、どこまで頼りになるか疑問があることです。たとえば「ブラック企業」のように、せっかく労働法が労働者を保護しても、それを守らない企業があります。また、労働法で定められている保護の内容をみても、近年、非正社員の保護は強化されていますが、それがかえって正社員に対する優遇を少なくする方向に作用しているという皮肉な結果を生んでいます。非正社員から正社員への誘導については、企業の必要としない正社員を増産しても、十分な優遇が得られないという問題があります。

それに加えて、解雇や労働時間規制といった伝統的な労働法の保護が、今後は減らされていく可能性があります。そうすると、正社員としてのメリットはますます低下していくことになるでしょう。

つまり、正社員で働いていても、バラ色の未来はなかなか描けないということです。

第五のポイントは、ただし、雇傭で働いていても、ある程度の自由を得る働き方があるということです。それは、「真の意味での正社員」とは観点の異なったもので、要するに、「転職力」をもつ労働者になることです。それを、「プロ的な正社員」と呼んでいいでしょう。

特定の職種で専門性を磨き、プロとしての実力を磨くことで、いまいる企業において不可欠な人材となったり、あるいは高い給料で転職のオファーを受けることができる労働者となることです。これなら、雇傭で働いているとしても、状況はずいぶん異なります。

それでは、「転職力」はどのようにすれば高められるのでしょうか。そこで大事なのは、産業界が求めるスキルを身につけることです。これが六つ目のポイントです。いくら自分にとって楽しくできるような仕事であっても、産業界でニーズがなければ、「転職力」は向上しません。趣味の仕事をしていくという人生もありえますが、それで生活を支えることができる人の数は限られているでしょう。

もちろん、特定の職種の専門性を身につけてプロとなり、「転職力」を高めていくなんてことは現実的に可能なのか、という疑問もあります。日本の正社員と非正社員というのは、しょせん、企業を前提とした、そのなかでの処遇の区分にすぎません。転職とは、企業の枠を超えて行くことですから、正社員が転職を志向するというのは、矛盾をはらんでいるようにも思えます。

しかし、実は欧州では、プロ的な正社員こそがスタンダードなのです。本書では、欧州のうちのイタリアの例を紹介しました。プロ的な正社員が中心の国では、労働組合が企業の枠を超えて組織されており、プロとして働く労働者をサポートしています。企業の外部に労働市場があるということが、転職力を考えていくうえで重要なポイントとなるのです。産業別労働組合や職種別労働組合の誕生を法律で強制することはできませんが、そうした労働組合の結成への誘導はありうるでしょう。さらに、労働組合が無理な場合には、政府が積極的に転職環境を整備していくことも大切です。

またプロ的な正社員であれば、自営に転換することや、起業することも容易になります。プロ的な正社員が「転職力」をつけるということは、雇傭のなかでの移籍だけでなく、雇傭から自営へと、より自主・独立性のある働き方への転換も可能とするのです。

いずれにせよ、「転職力」を高めるうえで最も重要なのは、本人の意識です。これが七つ目のポイントです。IT社会の行く末をみつめながら、自分が、どういう職種でプロとしてやっていけるのかを考え、そのための準備を社会に出る前の学校教育段階から行っておく必要があります。大学をはじめとする教育機関は、こうした学生のニーズに対応するようなプログラムを用意していく必要があるのです。

ルールは突然変わる！

最後に述べた教育の問題は、日本の将来のことを考えると、これから真剣に考えていかなければなりません。大学関係者の間でよく言われるのは、日本人の大学生は実に勉強しないということです。大学生は小学生より勉強しないというデータもあるくらいです（辻太一朗『なぜ日本の大学生は、世界でいちばん勉強しないのか？』〈東洋経済新報社〉）。一方で、必死で勉強する留学生の姿というのも、大学関係者の間でよく話題に上ります。特にアジアからの留学生は、日本の大学生と熱意がまったく違います。両者を比べると、日本の若者は大丈夫なのかと、誰でも不安になってしまうくらいの差があります。

日本の若者が勉強しない最も大きな理由は、簡単に言えば、勉強するモチベーションがないからです。日本では、勉強しなくても就職できてしまいます。親たちもそう思っています。「うちの息子は〇〇大学に入ったから、ある程度の企業には就職できるでしょう」「就職したら猛烈に働かなければならないから、大学時代は、できるだけ好きなことをやっておいたほうがいいよ」――こうした間違ったメッセージを、高度経済成長を体験してきた世代の親は子どもについつい伝えてしまうのです。

大学で接する学生は、ほんとうに無邪気です。つまらないことを大声で話し、よく笑っています。これはこれで平和な光景ですが、少し心配になります。私の知る欧州の大学生は皆、もう少しシリアスな顔をしています。また、知的な好奇心も、日本の大学生よりもっと強くもっているように感じます。それは、日本で接するアジアからの留学生も同じです。

日本の大学生は、次のことを知っておく必要があります。それは第一に、国際社会では、日本の企業のような採用の仕方は行われていないということです。日本以外の多くの採用現場では、まず、「あなたは何ができますか」ということを聞かれます。すなわち、企業というのは給料を払う以上、どれだけの貢献をしてくれるのかをまず問おうとするのです。ガッツとやる気と協調性だけは十分にあります、という答えだけでは通用しません。

もう一つ知っておく必要があるのが、こうした採用方法は、今後、外国の企業だけではなく、日本の企業の間にも広がるかもしれないということです。日本の企業の育成力はたいへんなものです。何もできない若者に対して、大胆にも終身雇用を保障しながら、そのなかで一人前の社会人に育て上げるのですから。もっとも、今日では日本企業も、育成に資源を投入する余裕が徐々になくなってきています。企業が正社員をしっかり育て上げるという従来のルールは、その瓦解に向けて、臨界点に近づいているかもしれません。

ルールというものは、ある日、突然、変わることがあります。ただ、突然生じたようにみえる変化も、その予兆は実は何年も前から現れていることが多いのです。たとえば、第2次安倍政権で突然出てきたように思える解雇ルールの見直し論も、研究者の間では、何年も前から行われていたものでした。

2020年の東京へのオリンピック招致が決まり、日本人は急速に国際社会の視線を意識するようになっています。東京オリンピックの開催というのは、ルールの変更の起爆剤となるかもしれません。また、TPPで労働問題がとりあげられるようになると、いまはかなり限定されている外国人労働者が、どっと流入してくる可能性もあります。TPPは、そのほかにも、外国人投資家にとって投資先としての日本企業の魅力を高めるために、日本の雇用システムを、グローバル化という名のもとにアメリカ型への変更を求めてくる可能性もあります。こうして、日本の旧態依然とした諸々の慣行にメスが入れられる可能性があるのです。

それが良いことなのかどうかは、ここでは何とも言えません。しかし、世の中がそのように動く可能性が高いのなら、これから社会に出て行く若者は、それに対応していかざるをえません。というか、そうしたほうが「得」なのです。特に、できるだけ大きな企業に入って正社員になりたいと考えているような人は、新たなルールに機敏に対応して、高度経済成長期に育った親世代とは異なった生き方の戦略に乗り換えることが大事です。これからの社会を生きていく若者は、親世代の意見は聞かないほうがいいのです。こんなことを述べていると、親不幸を奨励しているように思えて気が引けますが、仕方ありません。

新たな生き方の戦略として、企業は働く人を、もう育成してはくれないということを前提に、自分は「何が」したいのか、そして「何が」できるのかをしっかりと見据えることが大切です。その「何が」は、ひょっとすると、いろいろな経験を積むなかで変わっていくこともあるかもしれません。いや、むしろ変わることのほうが多いでしょう。

したがって、重要なのは、大学生時代から、できればもっと早い段階から、自分はプロとして生きていくのだという自覚をもつことです。プロ意識をもっていれば、自分はそのとき何をすべきなのか、見えやすくなります。

私のゼミ生をみていても、就職活動をすると、人間的にも大きく成長することがはっきりとわかります。それは、就職活動という明確な目的をもって、そのためにはどうすればよいかについて全力で考えてチャレンジし、壁にぶつかり、そしてまた、それを克服しようという試みを繰り返すからです。

社会に出てからの仕事の世界もそういうものです。仕事のなかで、同じようにチャレンジと挫折を繰り返して、目標を乗り越えていくのです。それによって雇用社会を生き延びていく力を身につけていくのです。もちろん、それは親世代の労働者も同じだったと言えます。しかし、親世代とこれからの世代の違いは、その苦労は、全部、自分がプロとして転職力を身につけるためのものである、という点にあります。自分にすべて跳ね返ってくるとなると、取り組み方も変わってくるでしょう。

労働法はパターナリズム

労働法というのは、「パターナリズム」をベースにしたものです。「パターナリズム」とは、家父長のように権威のもつ強者が、弱者に対してその利益に配慮した行動をとることです。配慮をしてくれるということだけならいいのですが、「パターナリズム」は、強者が弱者の自由に干渉して、それを制限するということもともなっています。

労働法とは、政府が、いわば家父長のごとく、弱者である労働者に対してその自由を制限しながら保護を与えるというものなので、まさに「パターナリズム」なのです。雇傭という働き方には、企業の指揮命令が付着しているので、労働者を弱者に陥らせるものです。したがって、労働法の「パターナリズム」によって弱者である労働者を保護することは、当然のことのようにも思えます。実際、今日でも、労働法の研究者だけでなく、世間でも、こういう考え方はきわめて強いものがあります。

しかし、この「パターナリズム」には、無責任なところがあることに注意する必要があります。弱者を弱者として扱っていれば、いつまで経っても弱者のままです。労働者なんて、弱者から脱却できないに決まっている、資本家に搾取されつづけるだけだ――こういう考え方の人もいますが、これに凝り固まっていれば、労働者は永遠に弱者のままなのです。

これははたして正しい考え方でしょうか。労働者が弱者から脱却できる方法があるのではないでしょうか。それはプロになる、ということなのです。プロになっても、ただちに強者になれるわけではありません。強者になるためのポイントは「転職力」であり、それを身につけて初めて強いプロとなれるのです。もちろん、そうなるためには、賢明な努力が必要です。ひょっとしたら運も必要でしょう。でも、努力なしでは身につかないことは確かなのです。

「パターナリズム」が必要であるとするならば、それは、弱者に対して、保護のセットを与えることではありません。保護は、努力する意欲を引き下げます。ほんとうに必要な「パターナリズム」とは、いまは弱者であっても、強者になるように賢明な努力をするよう導いていくことです。保護は他人によって与えられるのではなく、自分でつかみとるものなのです。

ここでは「賢明な」努力というところがポイントで、自分自身では努力をしているつもりでも、間違った方向の努力をしては意味がありません。そうならないような誘導が必要です。こうした「パターナリズム」は望ましいものであり、また、必要なことです。

もちろん、人によってはいろいろなハンディをかかえ、プロとして勝負できない人もいます。そういう人に対しては政府が手を差し延べなければならないのは当然です。生活保護は本来、そういう人に限定して適用されるべきものです。また、長い人生のなかで、いろいろなアクシデントに見舞われて働けなくなる人もいるでしょう。そういう人のための互助的なシステムも必要です。それが社会保険なのです。

社会保障（生活保護、社会保険など）とは、社会の構成員が、連帯の気持ちを持って国民を支えていこうとするものです。これがあるから安心してプロとして勝負することができるのです。「セーフティネット」の思想は、「パターナリズム」という強者から弱者への施しというよりも、国民の連帯による自主的な防衛という視点でとらえるべきものです。自主的な連帯という点では、労働組合と一脈相通じるところがあります。

特に「社会保険」というのは、保険料は自分たちで払って制度を支えるというニュアンスが本来強く含まれているものです。自腹を切って自分たちに保険をかけるという発想です。

政府がやってくれることだから、できるだけ保険を使わなければ損というような発想の人が増えてくると、社会保険は崩壊してしまいます。

こうした「セーフティネット」はもちろん不可欠なものですが、少なくとも働くという土俵に上がっている間は、頼るのは自分という気持ちをもつことが必要です。プロとして働く人たちのサポーターは、自分たちのために自分たちの手で作っていく必要があります。そして教育関係者は、こうしたプロを育成するためのアドバイザーの役割をになう必要があるのです。そのアドバイザー自身も、プロとしての実力がなければ、切られていくというシビアな世界に入らなければなりません。

正社員の幻想

「パターナリズム」は、政府と労働者との間で存在しているだけではありません。企業と正社員との間にも、実は存在していました。企業は人事権をもっているというだけで、すでに強者であり、実際に、人事権を広範に振るいます。でも、それは、労働者のためという大義がありました。終身雇用もあり、育成もしてくれて、給料も高く保障してくれる、そういう現実が背景にあったのです。このように企業は、正社員の利益を、ある面では十分に配慮してきました。その意味で、「パターナリズム」だったのです。

しかし、別の面からみると、正社員の利益は損なわれてきたとも言えます。それは、過労による健康障害や、頻繁な転勤や長時間の残業によるワーク・ライフ・バランスの破壊といったことに表れています。しかし、より重要なのは、「パターナリズム」に内在する「自由の欠如」です。「君たちに配慮はするけれど、自由は与えないよ」――これが、企業の正社員に対する「パターナリズム」の本質です。そして、終身雇用という大きなニンジンはあるものの、それに食いつくと、自由のない状態での「飼い殺し」に近いような状況も起こりうるものだったのです。「社畜」とは、そういう労働者の隷属状況を如実に示す言葉なのです。

TBS系列で放送された話題のドラマ「半沢直樹」は、上司に対して果敢な戦いを挑んで勝利をおさめるストーリーが軸になっています。近年稀《まれ》に見る高視聴率に表れているように、このドラマに共感する人たちは多かったのですが、しかし、彼だって、基本的には組織の利益となるように組織の命令に従って働いているという点では一般の社員と変わりありません。むしろ、「自由」という点では、かつての「ハケンの品格」の派遣労働者「大前春子」のほうが、同じ雇傭であったとしても、はるかに大きかったのです。

雇傭は、どうあがいても、隷属の要素がつきまといます。正社員の「パターナリズム」は、目くらましのようなものです。でも、目くらましでも、それで人生を終えることができればよいかもしれませんが、それが可能であったのは、バブルの崩壊までのことです。もう、あんな「幸福な時代」はやってこないでしょう。いまの若者は、上の世代をうらやましがってもしかたがありません。他人をうらんだり、ねたんだりしても、自分に良いことは何もありません。まして、正社員が施してもらっていた企業からの「パターナリズム」を自分たちにも、というのは生き方として間違っています。

戦略なき生き方は危険

正社員になれば安泰という考え方は、人生80年時代の4分の3を占める部分をどう過ごすかということを考えていくときの戦略としては、もはや危険きわまりないものです。本書は、正社員で働くと言っても、それはしょせん雇傭であり、雇傭というのは、法律家からみると隷属的な要素を多分に含んでいるんだよ、ということを知ってもらうところからスタートしました。

これからの社会では、「正社員で安泰」というのは、ごく限られたエリート層だけになるのです。正社員になれない人、あるいは、正社員になっても「真の意味での正社員」ではなくて正社員のメリットが少ない人、そういう人が増えてくるのです。

そういう人を救うのが労働法ではないかと言われそうですが、幸福な職業人生を実現させるために、労働法ができることは限られています。自分が経営者になったときのことを考えてみてください。「私は正社員になる権利があります」などと言って応募してくる労働者を、誰が使いたいと思うでしょうか。

正社員としての働き方のメリットがあるのは、企業が正社員として大事に扱いたいと考えているときだけなのです。この現実を直視すると、労働法が労働者の保護のための規制を次々と行ったとしても、それほど効果が出ないことは容易に予想できます。企業の意向に反した正社員は、「真の意味での正社員」にはなりえないのです。

それでも、労働法を強化しようとする動きは出てきます。では、それはほんとうに労働者のためだと言えるのでしょうか。それは実は、労働者が目先のことだけを考えて喜ぶだろうという、ポピュリスト的な政策にすぎないのではないかという点をしっかりと判断する目が必要です。ポピュリスト的な政策は、実に国民をバカにしたものだということを、私たちは知っておく必要があります。

労働者にとっては、労働法という「パターナリズム」は居心地のよいものです。雇傭で働いても大丈夫という気分にさせられてしまいます。しかし、これは、危険なぬるま湯なのです。あるいは依存させてしまう、と言ったほうがいいかもしれません。それにどっぷりつかっていると、雇用社会のルールが変わったときに、ギアチェンジができなくなってしまいます。それに、かりにギアチェンジをできたとしても、新たなルールに対応するための力がなければどうしようもありません。

本書で「プロを目指そう」と述べてきたのは、このためです。プロは、プロスポーツの選手や、弁護士といった特定の国家資格をもつ人のことだけをさすのではありません。プロとは、特定の職種においてスキルを磨き、それを売って勝負していこうとする労働者のことです。それは雇傭であってもいいし、起業や自営であってもいいのです。

いずれにしても、人生の戦略として大切なのは、自分の適性と今後の産業界の動きをしっかりみすえながら、自分のめざすべき方向をつかんでいくことです。それと同時に、同じような意識をもって人生の戦いに挑んでいく人たちとの横のネットワークを作っていくということも必要です。

「自立」と「連帯」という人間社会の基本的な価値は、普遍的なものなのです。

あとがき

私が本書を執筆したのは、一労働法研究者の目から見て、正社員になることに執着する社会の風潮に大きな危険性を感じたからです。正社員となっても、しょせんは「雇傭」なのです。「雇傭」は雇用社会における安住の場では決してありません。企業というのは、多かれ少なかれ、ブラックなものです。なぜなら、私たちが自由であることを制限するという本質をもっているからです。それでも雇用や給料などが保障されていればまだよいのですが、そういう時代でもなくなってきています。「プロになれ」とは、安住先を求めてはならないという自覚を求めるメッセージでもあるのです。

労働法は「雇傭」で働く人の最低限の保障はしてくれます。しかし、それだけでは私たちは幸せにはなれません。これからの若者は、労働法に頼らずに生きていく必要があります。自分が本当にやりがいを感じる仕事をするためには、自らプロとしての意識をもち、社会で評価されるよう努力を積み重ねることが必要なのです。こうした生き方をしていくうえでは、優しく寄り添ってくれる労働法のパターナリズムは、私の目には、とても甘く危険な罠のように映ります。

労働法の研究者の私がこういうことを言うのは、自らの首を絞めるようなことでしょう。でも私が、それだけ深刻に危機感をもっていることだと思ってください。本書が多くの人に、その働き方を自省するきっかけとなればと心から願っています。

最後に一言。プロの仕事をするためには、多くのプロに支えてもらわなければなりません。たとえば、本を書くときであれば、良い編集者に会う必要があります。私がこの本でプロの仕事をどこまでできたかは自分ではよくわかりませんが、少なくともこの本の編集を担当してくださった光文社の小松現さんには、プロとしての良い仕事をしていただいてとても感謝しています。

二〇一三年十二月

大内伸哉

大内伸哉（おおうちしんや）

1963年兵庫県神戸市生まれ。東京大学法学部卒業、同大学院法学政治学研究科博士課程修了。神戸大学大学院法学研究科教授。法学博士。労働法を専攻。著書に『イタリアの労働と法』（日本労働研究機構）、『雇用社会の25の疑問』（弘文堂）、『どこまでやったらクビになるか』（新潮新書）、『解雇改革』（中央経済社）、共著に『法と経済で読みとく雇用の世界』『人事と法の対話』（以上、有斐閣）などがある。

君《きみ》の働《はたら》き方《かた》に未来《みらい》はあるか？
労働法《ろうどうほう》の限界《げんかい》と、これからの雇用社会《こようしゃかい》

2014年1月20日初版1刷発行

著　者 ― 大内伸哉
発行者 ― 丸山弘順
装　幀 ― アラン・チャン
印刷所 ― 堀内印刷
製本所 ― 関川製本
発行所 ― 株式会社光文社
東京都文京区音羽1-16-6（〒112-8011）
http://www.kobunsha.com/
電　話 ― 編集部03(5395)8289　書籍販売部03(5395)8113
業務部03(5395)8125
メール ― sinsyo@kobunsha.com

ISBN 978-4-334-03779-6

654
ものづくり成長戦略
「産・金・官・学」の地域連携が日本を変える
藤本隆宏
柴田孝［編著］

「現場の視点」を抜きにした長期成長戦略はありえない――。東大「ものづくり経営研究センター」の誕生から全国に広がったプロジェクトの現状を紹介。発想と実践方法を学ぶ一冊。

978-4-334-03757-4

655
あんな「お客《クソヤロー》」も神様なんすか？
「クレーマーに潰される！」と思った時に読む本
菊原智明

お客様からのクレームは仕事においてもっとも憂鬱なトラブルだ。元トップ営業マンが実体験から導き出した「逃げない」対処法。お客様に「クソヤロー」と叫ぶ前にどうぞ。

978-4-334-03758-1

656
99・9％が誤用の抗生物質
医者も知らないホントの話
岩田健太郎

抗生物質は本当は何に「効いて」何に「効かない」のか。漫然と処方され続けることで起きている危機的状況、知らずに曝されているリスクとは――。医者と患者と薬の関係を問い直す。

978-4-334-03759-8

657
1日で学び直す哲学
常識を打ち破る思考力をつける
甲田純生

好きな哲学者も座右の銘も、何ひとつ浮かばない……。そんな人こそ、教養として哲学的思考を身につけたいもの。ソクラテスからハイデッガーまで、哲学の面白さを凝縮した一冊。

978-4-334-03760-4

658
子どもの遊び　黄金時代
70年代の外遊び・家遊び・教室遊び
初見健一

ろくむし、壁野球、スーパーカー消しゴム、コックリさん……。70年代の子どもの遊びはバリエーションに富んでいた。TVゲーム登場前の楽しい遊びの数々をルールとともに紹介。

978-4-334-03761-1

659
個人情報ダダ漏れです！
岡嶋裕史

スマホアプリにアドレス帳の情報を抜かれた。／ツイッターの書き込みから、自宅を特定された。／PCの遠隔操作ってそんなに簡単にできるの？——スマホ時代の個人情報防衛術。

978-4-334-03762-8

660
人生で大切なことはラーメン二郎に学んだ
村上純

関東を中心に店舗を広げ、熱狂的なファンを増やし続けるラーメン二郎。行列に並び、凄まじい量に苦しみつつも食べたくなるのは一体なぜ？　その魅力を徹底解剖し、二郎愛を語り尽くす。

978-4-334-03763-5

661
ルネサンス　三巨匠の物語
万能《レオナルド》・巨人《ミケランジェロ》・天才《ラファエッロ》の軌跡
池上英洋

同時代を生きた三人の芸術家は、フィレンツェで、ローマで、どう出会い、何を感じ、何を目指したのか——。史実と仮説を織りまぜながら、これまでになかった人間ドラマを描く。

978-4-334-03764-2

662
私の教え子ベストナイン
野村克也

辛口ノムさんが監督を務めた南海、ヤクルト、阪神、楽天のチームメイトからベストナインを選出！　おなじみの野村節と弟子たちの生き様から人生哲学も学べる濃厚な一冊。

978-4-334-03765-9

663
炭水化物が人類を滅ぼす
糖質制限からみた生命の科学
夏井睦

傷の湿潤療法の創始者で、糖質制限ブームの陰の火付け役でもあるDr.夏井の待望の書！　実験屋魂を刺激された糖質制限を足がかりに文明発祥や哺乳類誕生の秘密にまで大胆に迫る。

978-4-334-03766-6

664
〈オールカラー版〉日本画を描く悦び
千住博
ヴェネツィア・ビエンナーレで東洋人初の名誉賞を受賞した著者が、母の影響から人生を変えた岩絵の具との出会い、日本画の持つ底力まで、思いのすべてを描き尽くした一冊。
978-4-334-03767-3

665
世界で最もイノベーティブな組織の作り方
山口周
イノベーションを生み出すための組織とリーダーシップのあり方とは？　組織開発が専門のヘイグループに所属する著者が、豊富な事例やデータをまじえながらわかりやすく解説！
978-4-334-03768-0

666
迷惑行為はなぜなくならないのか？
「迷惑学」から見た日本社会
北折充隆
USJ大学生&飲食店バイトのツイッター問題、歩きスマホ、電車の座席での大股開き――とかく今の日本は迷惑行為だらけ。「迷惑学」の観点から、この現象を徹底的に考えてみた。
978-4-334-03769-7

667
『風立ちぬ』を語る
宮崎駿とスタジオジブリ、その軌跡と未来
岡田斗司夫
FREEex
宮崎駿が初めて大人向けに作った、最後の長編『風立ちぬ』。賛否が分かれる本作品をどう読み解くか？　これまでのジブリアニメもひもときつつ、宮崎駿の実像とその技巧に迫る。
978-4-334-03770-3

668
論理的に考え、書く力
芳沢光雄
クリエイティブな発想が求められる現代に欠かせない要素とは？　消費増税、経済成長率など、新鮮な題材を用いて、「これからの時代に必要な能力」を平易に伝える。
978-4-334-03771-0

669
消費増税は本当に必要なのか？
借金と歳出のムダから考える日本財政
上村敏之

どんどん膨れ上がる日本の借金。消費増税で本当に財政再建はできるのか？　税金、公債、歳出のムダなど喫緊の課題を手がかりに、〝国家の財布〟を見る目を鍛える。

978-4-334-03772-7

670
談志の十八番
必聴！　名演・名盤ガイド
広瀬和生

最晩年まで談志の高座を追いかけ続けた著者が、「入門者にお勧めしたい十八番演目」という切り口で贈る、CD・DVD・ネット配信コンテンツの名演ガイド決定版！

978-4-334-03773-4

671
就活のコノヤロー
ネット就活の限界。その先は？

石渡嶺司

『就活のバカヤロー』から6年で、何がどう変わったのか？　長年、就活の取材を続けてきた著者が、学生、企業、大学のホンネに迫りつつ、その最前線の取り組みをレポート。

978-4-334-03774-1

672
回避性愛着障害
絆が稀薄な人たち
岡田尊司

親密な関係が苦手、責任や束縛を嫌う、傷つくことに敏感、失敗を恐れる……。急増する回避型の愛着スタイルは、少子化・晩婚化の真の原因か？　現代人の壊れた愛着を考える。

978-4-334-03775-8

673
体内時計のふしぎ
明石真

あなたは「朝型人間」？「夜型人間」？　近年、体内時計と病気の関係が次々と明らかにされている。現代人が心身の健康を保つ秘訣とは？「病気と予防の時間生物学」入門。

978-4-334-03776-5